「老年哲学」のすすめ

生き直し・学び直しのための哲学入門

大橋健二
Kenji Ohashi

花伝社

「老年哲学」のすすめ――生き直し・学び直しのための哲学入門◆目次

「死ねばすべてが終わり」ではない。すべてが終わりであれば、それでは誰もが未来に希望を持つことができなくなってしまうではありませんか。

金泰昌・東洋日報「東洋フォーラム」主幹

人生には完全に裸で純粋な瞬間が二度しかない。誕生のときと、死のときと。

シモーヌ・ヴェーユ『重力と恩寵』(渡辺義愛訳、春秋社、一九六八年)

人生の情景の変化とはこういうものだ。それぞれの時期に、それを動かすそれぞれの原動力がある。しかし人間はいつも同じなのだ。十歳の時には菓子に、二十歳の時には恋人に、三十歳の時には快楽に、四十歳の時には野心に、五十歳の時には利欲に引っぱりまわされる。いつになったら、人間は知恵だけを追うようになるのだろうか。

ジャン=ジャック・ルソー『エミール』第五篇(平岡昇訳、河出書房新社、一九六六年)

はじめに

老いは、きわめて個人的な問題であると同時に、現代にあっては重要かつ深刻な社会問題のひとつである。両者を切り離して論じることができないのはもちろんだが、二一世紀世界が直面する地球規模の老いの問題を哲学の問題として話し合おうと、日韓の学者・研究者が二〇一八年の夏以降、「老年哲学」学術会議を韓国で連続開催し、老年期にふさわしい哲学を模索している。

静謐で清澄な空気に包まれた忠清北道・報恩郡俗離山森体験休養村を会場にして二〇一八年八月七、八日にスタートした会議は、報恩郡庁が主催し東洋日報「東洋フォーラム」が後援する。会議を主宰したのは、一九八九年の来日以来、二〇年以上にわたって日中韓など延べ三〇〇〇人近い学者・研究者との哲学対話「公共哲学京都フォーラム」を主宰し、編著者として東京大学出版会から三〇巻にも及ぶ浩瀚《こうかん》な『公共哲学』を刊行して日本の学術世界に一大旋風を巻き起こした金泰昌《キムテチャン》・東洋日報「東洋フォーラム」主幹で、「老年哲学」の命名者でもある。

一九三四年生まれの金主幹が「老年哲学」の必要性を強く意識するようになったきっかけは、最近亡くなった知人で現代韓国の最高の哲学者がその最晩年に語った「死ねばすべてが終わりだ」という言葉だったという。
この老哲学者はかつては朴正熙、全斗煥両大統領に重用され国会議員も務めた。国家と民族のために懸命に働き続けたが、しかしその後、政権交代や政治状況の変化もあって自分がやってきたことが全否定されてしまった。「若い時は一生懸命に哲学を勉強したが、頑張っても意味がない。死ねばすべてが終わりだ。空しい」。弟子に語っていた言葉を死後に伝え聞いた金主幹は大きな衝撃を受けた。「一生懸命やったけれど報われない。それが空しい。だから死ねばすべてが終わりだという考えは、エゴイズム的ではないか。なぜなら、その人と関わった人々との繋がりや縁を台無しにしてしまうからだ」。老年期を迎えた日本の著名な哲学者も同じように著書のなかで「死ねばすべてが終わりだから空しい」と書いているのを見た金主幹は、こうした言い方に疑問を呈する。

老年期の人間が「死ねばすべてが終わりだ」と言ってしまったら、現役の壮年世代や、夢を持って頑張っている若年世代の前途は、暗い闇で覆われてしまうことになります。誰もが年をとり、いずれ死んでいく。「死ねばすべてが終わり」が社会常識になってしまってでは未来に希望が持てないのではありませんか。しかし本当に「死ねばすべてが終わり」でしょうか。わたしは七〇・八〇・九〇代の高齢者たちが「自分は過去と現在と未来を繋ぐ役割を果たしていくんだ」という心構えをしっかり持つようになれば、青壮年世代が老人たちを否定的、批判的に見る視線も変わるのだと信じます。

老年期に入って歳を重ねれば重ねるほどに胸に迫ってくるのは、「われわれの孫の世代は今よりも良くなって欲しいという思いだけである」。金主幹は日本と韓国の最高レベルの哲学者が共有する「死ねばすべてが終わり」という死生観を断固拒否する。だが、「死ねばすべてが終わり」という虚無的で一見投げやりな死生観は、日本でも知識人や有名人らが少し気取って唱える呪文のようなものでちょっとした流行言葉《はやりことば》化している。

日本を主会場にした「公共哲学京都フォーラム」で金主幹が強調したのは、国家と結びついた「公」や一人に閉じていく「私」ではなく、個としての「私」一人ひとりを活かしつつ、「公」を開く必要性である。「公共」は、「公」と「私」の中間という静態的なものではない。我と汝の「間」の自他相関性において躍動的なものであるべきである。これを名詞ではなく「公共する」という動詞としてとらえ、「活私開公（私を活かして公《おおやけ》を開く）」という新たな概念を提示した。この「活私開公」をふまえ、《老年哲学》とは「美しい老い」でなければならないと言い、これを「活老開来（老を活かして未来を開く）」と名づけた。それは哲学分野にとどまることなく、宗教・文学・芸術など幅広い人文学の知見が加えられるべきであって、《老年哲学》とは「活老開来の人文学」でなければならないとしてこう言っている。「東アジアが直面する老年世代人口の極大化と少子化という問題、すなわち人類始まって以来の人口逆ピラミッド時代を乗り切るために絶対に必要なのは《老年哲学》である。老人問題の本質は、老人を生産力のない、ネガティブな存在としてしか見ていないところにある。全世界がいずれ必ず直面することになる老人問題であるが、《老年哲学》が確立できれば、逆にここから東アジアの夜明けが始まるだろう」

金主幹が韓国を会場に《老年哲学》会議を開催したのも、こうした問題意識に発する。老年会議の主催地を報恩郡としたのは、趣旨に熱く賛同した鄭相赫・郡守の存在に負うところが大きい。一九四一年生まれの鄭郡守は、韓国最高齢の郡守で、苦学して大学を卒業後、二〇年間農村行政に携わり、二〇一〇年郡守に初当選した。韓国全土で老人の自殺率が一番高かった報恩郡をさまざまなアイデアと優れた行政手腕で立て直した韓国屈指の首長として知られる。女性・障がい者・老人という社会的弱者の幸福を最優先とする政策の一環として、趙哲鎬・東洋日報会長、劉成鐘・東洋フォーラム運営委員長らの協力のもと、金主幹が提唱する老年哲学を積極的に行政支援することにした。

日本は世界の最先端を行く「超高齢社会」、いわば「老人大国」「老人先進国」である。だが表面的には豊かで恵まれた生活の背後で、目にははっきりとは見えない形で深刻な事態が進行している。とくに老人の周囲に張りめぐらされた、ちょっとした拍子に誰もが落ち入る可能性をもった「孤独」「孤立」という問題である。若年層にもそれは広がりを見せている。しかし高齢者の場合、それは孤独死・孤立死という見るも聞くも悲惨な事態に進展する。孤独は「今日やることがない」「今日行くところがない」「心が落ち着く居場所がない」という老人が口にする言葉の裏に張り付くようにして存在している。

こうした「孤独」は、人類が歩み、今後とも歩み続けると思われる〈近代〉の業《ごう》というべきものだろう。近代とは、ふつう「西洋近代」を意味する。西洋近代は二つの特徴からなる。経済社会と強い自我意識である。この二つに共通する精神はどちらも前進と拡大・合理化と効率化に向けて「急《せ》き立てる」ところにおいて、どこまでも男性的・若者的である。ゆるやかに衰弱していく老人の世界とは相反する。ここに現代の老人たちが感じる窮屈さ、生きづらさの根源がある。

ここで求められ、出現した近代的自我すなわち徹頭徹尾自己に依存する「強い個人」は、他者・周囲との関わりを必ずしも必要とせず内面的自己に閉じていく「アトム的自己」〈原子化された個人〉と類縁関係にある。人間本来の「相互依存的自己 interdependent self」は前時代的なものと化し、この行く先に、現代日本の高齢者が直面し体験する「孤独」が出現している。近年、社会問題化している若年者の「不登校」、青壮年層にも波及してきた「引きこもり」もこうした〈近代〉的世界との疎隔・違和感に由来するところが少なくないと思われる。

明治維新以来、アジアで先駆けて西洋文明を積極的に受容し経済発展を遂げた日本をいま、日本と共に「東アジア〈西洋近代〉受容共同体」を形成する韓国、中国が追走する。日中韓三国が直面する高齢者問題は、いわゆる「西洋近代」に必然する暗部を象徴するものにほかならない。現代世界は人生八〇年どころか「人生一〇〇年時代」に突入しようとしている。高齢者問題は、日中韓三国のみならず、現代文明・現代世界が共有する最重要問題となりつつある。

老人の世界とは、労働（生活費獲得）や子育て（成人化支援）からの解放である。青少年期が直面する現実社会を前に自立的に〈強い個〉として立ち向かうべく「人生いかに生きるべきか」を問うのであるとするなら、老年期とは依存的な〈弱い個〉の自覚、他者の世話になるという覚悟の上に改めて「人生いかに生きるべきか」を考える時間ではないか。老年期の人間がなすべきことは、次世代の職場・ポストを奪いかねない「労働」などではない。改めて「いかに生きるべきか」を求めて「哲学」を学び、長い人生で得た経験知を加え、さらによく生きるための智慧を磨き、これを何らかの形で社会に還元し将来世代に引き継ぐこと。そして他の人々との関わりのなかに自らの人間的成長とわずかであってもよりよき社会と未来の創造に参与することこそ、彼らに求められる最大のものだろう。

現代文明が〈強い個〉を前提として成立するのに対し、老人と子どもは、他者に頼らざるをえない〈弱い個〉として存在する。〈強さ〉と共同歩調をとる現代世界がさまざまな矛盾や歪みを顕現させている今日にあって、ここに求められこれを救いうるのは老人と子どもに共通する〈弱い個〉の論理、〈弱さ〉の哲学である。それにはまず老人の個々人が生まれ変わらなければならない。自覚的・覚悟的に〈弱い個〉を生きる主体となれるのは子どもたちではなく、老人たちだからである。こうした意味における「学び直し」、あるいは「生き直し」のために必要なのが哲学であるのは言を俟たない。

同語反復《トートロジー》となるのだが、「老年哲学」とは、金主幹が強調した「公共する」と同じく、「哲学する」ことにある。それは、より良く生きるために、現状に甘んじることなく、日々、あの世に旅立つその日まで生涯にわたって休むことのない学び、完成に向かって努力する活動を意味しよう。

第三回「老年会議」（二〇一八年一一月一五〜一七日）で同席した姜信杓・仁済大学校名誉教授は「日本は老人先進国であって、老人問題では日本は韓国の二〇年先を行っている。われわれは急スピードで日本のあとを追いかけている」と言う。世界に先駆けて超高齢社会に突入した日本のあとを追う韓国、そして中国。この両国にとっても日本の現実はけっして他人事ではありえない。

今後も、老年哲学会議に参加する日韓の学者・研究者らそれぞれが深い識見に裏付けられた「老年哲学」を開陳していくことになるが、本書は第四回会議（二〇一九年三月七〜九日）まで毎回参加した途中報告としての私個人としての見解であることを前もってお断りしておきたい。参加者の論文・発表はすべてそのつど、韓国の地元紙『東洋日報』が両開き二ページという大きな紙面を使って紹介している。日本でも、参加発表者でもある山本恭司氏が二〇一二年創刊し故・梅原猛氏が顧問を務めた哲学対話新聞『未来共創新聞』（E-mail:ykiyo127@skyblue.

ocn.ne.jp）で各参加者の発表論文・討論の要旨を読むことができる。

Ⅰ　現代日本の高齢者問題

1　日本の高齢者事情

世界屈指の長寿国とその暗部

日本はいま、史上かつてない二つの大きな社会問題に直面している。

ひとつは、少産多死化とくに子どもの減少に伴う総人口の急減である。二〇〇八年の一億二八〇八万人（総務省統計局・人口推計）をピークとして、日本の総人口は減少に転じた。少産・多死化と生涯未婚率（五〇歳まで一回も結婚したことのない人の割合）の急上昇でこのまま進んだ場合、推計で一〇〇年後の総人口は半減、あるいは三分の一程度まで激減する。水田稲作が始まったとされる弥生時代（紀元前五世紀前後から紀元後四世紀ごろ）から、日本の人口はゆるやかに増加し続け、戦乱がやみ天下泰平が到来した江戸時代の一七世紀の一〇〇年間に最初の人口爆発現象が起きた。それまでの一〇〇〇万人台の人口が約三倍に急増した。江戸幕府の崩壊に続く明治維新で、一〇〇年も経たぬうちにあっという間に一億人台へと膨れ上がった。それが二一世紀に入るやいなや一転、近代国家としては世界史的にも例がない人口激減国家へと転落してしまった。しかし国土に比し人口稠密な日本の現状を考えれば、人口三〇〇〇万人台で推移した江戸時代に戻れとは言わないまでも、国土に見合った適正規模人口への振り戻しと見て前向きに評価すべき事態であるかもしれない。人口減少傾向は、健全な市民社会を形成する上で必須な「成熟社会」への道を開く可能性があるという意味で、必ずしも否定的にとらえられるべきではない。

二つ目は、人口急減、少子化・多死社会と表裏する「超高齢社会」の到来である。周知のように、「超高齢社会」とは、高齢者（六五歳以上）が総人口の二一％を超える社会を言うのだが、日本は二〇〇七年に世界に先駆けて超高齢社会に突入した。世界トップクラスの長寿国「老人大国」である。高度文明社会がいずれ必ず直面する問題を、現代日本は世界に先駆けて経験している。現代文明・成熟社会にあってはこれを当然の現象として前向きにとらえる視点が必要とされよう。

世界規模で現在進行中の長寿化社会は、人類が初めて体験する「人生一〇〇年時代」の到来を告げるものであるが、しかし現代の日本では、一般に老人は尊敬されているとは言いがたい。日本の子ども・若者たちは老人を汚い・ノロい・臭い存在と見なす傾向がある。こうした日本社会を「嫌老社会」と呼ぶ人もいる。七四歳の老女が姿かたちとも二〇歳の昔に戻って大活躍するという日本で話題となりアジア各国でもリメイクされた二〇一四年公開の韓国映画『怪しい彼女』でも冒頭、韓国の大学生たちは老人を同じような言葉で語っている。

一方で老人自身も、長い老後をいかに生きるかにとまどい、もてあまし、次世代の若者たちの模範となるような生き方や哲学を示すことができない。これはしかし今日の「嫌老」社会に生きる現代日本の若者たちが老いたとき、必ず直面する問題でもある。一方、推計では六五歳以上の老年期「認知症」患者は二〇二五年には五人に一人、七〇〇万人にも達するといわれる。「嫌老社会」に生きざるを得ない「認知症」老人予備軍の未来はけっして明るくはない。最近は「八〇五〇《はちまるごおまる》問題」という言葉も登場した。八〇代の親が五〇代のひきこもりの子を養うという病理的な構図。「高齢者と未婚の子」世帯の急増という深刻な事態も現代日本社会が直面する高齢化問題に含まれる。

高齢化問題では日本を追走する韓国では、人口一〇万人当たりの自殺率が経済協力開発機構（OECD）加盟三四カ国中ワーストで、高齢者の自殺率の高さが目立つ。貧困そして孤独が主原因とされるが、病気になると家族の迷惑を慮って「これ以上家族に負担をかけたくない」と自殺する高齢者が少なくないという。韓国は日本を上回る競争社会・学歴社会・経済格差社会化、非婚・晩婚化が進んでいるが、合計特殊出生率（女性一人が生涯に出産する子どもの平均数）は史上初の一・〇（日本は一・四三、二〇一七年）を割り込むという異常事態で、少子化が大きな社会問題となっている。韓国に限られることなく高齢化と少子化は表裏一体的な関係にあると言えるだろう。

近年、人生の終焉に向けた事前準備活動「終活」がブームとなっている。最近は、超高齢化社会に際し老人が人生の最終段階をいかに生きるかを考える「老活（ろうかつ／おいかつ）」なる言葉も登場した。人口減少や少子高齢化、新自由主義に由来する不平等や分断・格差社会という明るい未来への夢が描きにくい世界のなかで、日本の老人たちは介護老人あるいは認知症高齢者となって家族・周囲に迷惑をかけることを恐れつつ「人生一〇〇年時代」を生きなければならない。

しかしここで何かと問題視され、話題となっているのは、定年後の再就職、認知症の回避法や長寿のための健康法、人付き合いの仕方、介護や老人ホーム問題、年金や老後の資産運営・財産管理・利殖法といった生々しくも具体的な生活に関するものが中心で、老年期に望ましい世界観や哲学が語られることはほとんどない。それどころか、週刊誌などは毎週のように「年金だけでは生きてはいけない」や「六〇歳で貯金二五〇〇万円があれば安心」「貯金五〇〇〇万円でも八〇歳代に破産する」など老後の金銭的不安や健康不安をことさら煽り立てる記事を売り物にしている。

生き迷う老人たち

日本の平均寿命は二〇一七年統計で世界的にもトップクラスで男八一・〇九歳、女八七・二六歳と男女とも「人生八〇年時代」を達成した。一〇〇歳以上の長寿者も六万九七八五人（うち女性が八八%、二〇一八年九月一五日現在）。統計が開始された一九六三年の一五三人との比較では、実に四五六倍に激増した。文部科学省スポーツ庁が二〇一八年一〇月に発表した二〇一七年度「体力・運動能力調査」によると、七〇代は男女とも体力テストで一九六四年の調査開始以来、最高を更新し高齢者の体力の充実ぶりが際立つ結果となった。体力と運動能力で向上著しい今日の高齢者は、外見的にはもちろん、精神的にも以前の老人の範疇を超えた存在となっている。五〇年前の老人との比較で、今日の老人の実年齢はその八掛け、あるいは七掛けとするのが妥当だとする声さえある。

イスラエルの歴史学者ユヴァル・ノア・ハラリは『ホモ・デウス（HOMO DEUS A Brief History of Tomorrow）』（二〇一七年）で、飢餓・疫病・戦争を克服した現生人類ホモ・サピエンスは今後、不死・至福・神性の獲得に乗り出し自らをホモ・デウス（神人《しん》類）の地位に引き上げることを目指すだろうと言う。二一世紀は不死＝「非死《アモータル》」がもてはやされる時代となる。二〇世紀に四〇歳から七〇歳へと平均寿命をほぼ倍増させた人類は、二一世紀には進化の著しい生命工学《バイオテクノロジー》などにより寿命をもう一度倍増させて一五〇歳の寿命を手に入れようとするだろうと予測する。一五〇歳は難しいとしても高齢者の体力向上と併せて考えれば、「人生一〇〇年時代」はけっして夢物語の話ではない。

現代日本の高齢者たちの大部分は、少なくとも表面的には社会的、金銭的には比較的恵まれた老後を送っている。しかしいま享受している生活上の豊かさや便利さ、明るさ、ここに形成された社会は高齢者を真の幸せに導いてくれるものなのかという点では大きな疑問が残る。近年、「無縁死」・「孤独死」・「孤立死」といった言葉がテレビや新聞・雑誌で取り上げられない日はない。とくに一人暮らしの高齢者が誰にも看取られることなく死んでいくケースが目立って増えてきている。二〇一〇年一月に放映されたNHKスペシャルのドキュメンタリー番組「無縁社会～〝無縁死〟3万2千人の衝撃～」は、人間関係が希薄化し、家族や共同体から孤立して生きる人間が増加している現代日本を「無縁社会」という造語で表現した。「地縁、社縁、血縁が崩壊し、〝ひとりぼっち〟が急増するニッポン。無縁死はもはや他人事《ひとごと》ではない。それは若者層にも拡大している」。番組は大きな反響を呼び、「無縁社会」はこの年の流行語大賞にも選ばれた。昔ながらの地縁・血縁が崩壊し、格差社会の進行に伴う貧困層の拡大などを背景に、衝撃的だったのは「無縁社会」あるいは「無縁死」「孤独死」の中心にいるのはまぎれもなく高齢者たちであるという現実だった。

小泉純一郎内閣（二〇〇一～〇六）が本格的に導入しその後の内閣でさらに加速されていっ

た新自由主義《ネオリベラリズム》・規制緩和政策の推進により、雇用が不安定の大量の非正規雇用（契約社員・派遣社員・フリーター）を生み出し、現代世界の経済社会化になじめないニート（NEET・独身の若年無業者）や引きこもり（social withdrawal）の急増、生涯未婚率の急上昇――二〇三〇年年代で男性三〇％――など。これらを考えてもこのままでいけば二一世紀の日本では高齢期の孤独死・孤立死が一〇〇〇万人を超える規模に上ることも予想されるという。

高齢者が恐れるのは孤独死・孤立死といった「ひとりぼっちの死」だけにとどまらない。NHKスペシャルは二〇一四年九月、「年金だけでは生きていけない」「年金生活は些細なきっかけで崩壊する」として「老後破産――長寿という悪夢」を放映しこれも大きな反響を呼んだ。長すぎる老後は幸福どころか、逆にいわば「生き地獄」と化す。体調を崩した高齢者が自宅にいられなくなり、住まいを追われ、病院や老人施設を転々とし〝死に場所〟を求めて漂流する「老人漂流社会」が現実の日本の姿であるというのだ。かつては祝福された「長生き」はいまやすっかり様相を異にしてしまった。

歴代天皇としては古代天皇を除くと最長寿で在位期間は六四年と史上最長だった昭和天皇は亡くなる二年前の八五歳の時、自身の長寿を呪詛した。『共同通信』が小林忍・元侍従の日記を入手し二〇一八年八月に明らかにしたところによれば、天皇は小林侍従にこう漏らしたという。「仕事を楽にして細く長く生きても仕方がない。辛いことをみたりきいたりすることが多くなるばかり。兄弟など近親者の不幸にあい、戦争責任のことをいわれる」（小林忍侍従日記・一九八七年四月七日）。二〇〇七年に明らかにされた元侍従・卜部亮吉日記にも昭和天皇が「長生きするとろくなことはない」と語ったという記述がある。長寿は必ずしも幸福でも、周囲から祝福されるものでもない。日本国家の象徴たる天皇でさえ例外でない。

高齢者・老人問題に関する出版急増

近年、老人問題に関する書物が相次いで出版されている。

なかでも脚本家・内館牧子の小説『終わった人』（講談社、二〇一五年）は多くのメディアで取り上げられるなど、大きな話題を集め、二〇一八年六月には人気男優・女優のダブル主演で映画化もされた。小説の主人公は東大法学部を卒業して大手銀行に勤め出世コースを歩んだのち、定年退職した男である。定年後の彼を待っていたのは、会社以外の世界では人間関係も社会関係も〝ゼロ〟になってしまうという恐ろしい現実だった。会社の仕事以外とくに関心も興味も趣味もない。毎日やることも、やりたいこともない。誰からも相手にされない。いわば社会的死者「終わった人」と化し、学歴社会と企業組織において超エリートだった自分の惨めな姿であった。その後の展開は、いわばファンタジーで現実離れしていくのだが、定年を「生前葬」、定年サラリーマンを「終わった人」と表現したことは現代日本のサラリーマン、とくに男性たちの現実を語るものである。

これは現実にきわめて近いとはいえ小説でしかなかったが、高齢者に関する本はここ十年来、あらゆるジャンルで多数出版されるようになった。老人問題に関する最近のノンフィクションに限定し目についたいくつかをタイトルと簡単な要約で挙げてみる。なお、第三回老年哲学会議「二一世紀超高齢社会における老人の意味と価値」においてわたしに割り当てられたテーマが現代日本の高齢者の光と影で、とくにネガティブな「影」の部分に焦点を当てるよう要請されたため、暗い本ばかりになってしまった。日本の高齢者の多くは大抵ほどほどの幸福と安定を享受していて満足すべき状態にあることは言うまでもない。しかし以下の事例は、他人事と言い切ることのできない、誰にでも降りかかる現実味があることは否めない。

『嫌老社会――老いを拒絶する時代』(長沼行太郎、ソフトバンク新書、二〇〇六年)

超高齢化社会と並行して進行する「嫌老社会」。それは若者たちが老人を嫌悪する「嫌老」と高齢者が自らの老いを隠蔽し拒絶する「嫌老」、これらが合体した社会である。

『暴走老人!』(藤原智美、文藝春秋、二〇〇九年)

突然怒りを爆発させる〝キレる〟老人の増加。老いても人間的成熟のない老人たちの愚行の数々。

『孤立死――あなたは大丈夫ですか』(吉田太一、扶桑社、二〇一〇年)

孤立死が問題なのではなく孤立化する生活スタイルこそ問題である。明日は自分の姿かもしれないという不安と恐怖。

『無縁社会〝無縁死〟三万二千人の衝撃』（ＮＨＫ「無縁社会プロジェクト」取材班、文藝春秋、二〇一〇年）

すさまじい勢いで進む現代日本の〝高齢化〟の裏面で、社会の深層部で起きている〝無縁社会〟の現実。家族、地域、会社などにおいて人と人との絆が薄れ、高齢者のみならず、未婚・非婚率の急上昇で若者層・中高年の間でも孤立する人が増えている現代日本社会の暗黒面。

『無縁介護――単身高齢社会の老い・孤立・貧困』（山口道宏、現代書館、二〇一二年）

誰も介護する人がいないという「無縁介護」が「無縁死」を誘う。少子高齢化時代の到来と「無縁社会」の中で孤立し貧困化に不安を募らせる高齢者たち。

『孤独死を防ぐ――支援の実際と政策の動向』（中沢卓実・結城康博、ミネルヴァ書房、二〇一二年）

誰にも訪れる孤独死、そこから見えてくる「貧困」と「社会的孤立」という現実。

『老人漂流社会』（ＮＨＫスペシャル取材班、主婦と生活社、二〇一三年）

高齢者が自宅にいられなくなって病院や施設を転々とする。たらい回しにされ〝死に場所〟を求めて漂流する現代日本の老人たち。

『老後破産――長寿という悪夢』（ＮＨＫスペシャル取材班、新潮社、二〇一八年）

年金だけでは暮らしていけない老人たち。年金生活は些細なきっかけで崩壊する。日本の高齢者を待ち受ける「悪夢」の老後。

『下流老人――一億総老後崩壊の衝撃』（藤田孝典、朝日新聞出版、二〇一五年）

生活保護基準相当で暮らす高齢者およびその恐れがある高齢者に対する造語「下流老人」の急増。このままだと高齢者の九割が下流化する「一億総老後崩壊の時代」という現代日本の現実。

『老夫婦が壊される』（柳博雄、三五館、二〇一六年）

老夫婦間での介護、六〇、七〇代の子どもが八〇、九〇代の親を介護する「老老介護」時代の到来。二〇〇〇年から「介護の社会化」という夢と共にスタートした介護保険制度の自壊。

『無葬社会――彷徨う遺体変わる仏教』（鵜飼秀徳、日経BP社、二〇一六年）

六五歳以上の「一人暮らし」「夫婦のみ世帯」という孤独死予備軍は、二〇三〇年には二七〇〇万人に達する。

『万引き老人』（伊東ゆう、双葉社、二〇一六年）

穏やかな老後を迎えるはずの老人たちが万引き犯となる超高齢社会ニッポンの暗い現実。彼ら彼女らの口からは「苦しい」「寂しい」「わびしい」「悲しい」という言葉が漏れる。著者は言う。「今、この国は、なにかがおかしくなっている」

『孤独死大国――予備軍1000万人時代のリアル』（菅野久美子、双葉社、二〇一七年）

誰にも看取られずに亡くなり、死後しばらく発見されずに孤独死する老人たち。一人暮らしの高齢者だけに限らず、地域・会社・友人などさまざまな「縁」から切り離された若い世代にも、数百万単位の孤独死予備軍がいる。

『絶望老人』（新郷由起、宝島社、二〇一七年）

長すぎる老後は「生き地獄だった」。「孤独」を癒してくれる人・場所はない。「居場所」も行く所もないという老後の不幸。

『死ねない老人』（杉浦敏之、幻冬舎、二〇一七年）

死にたくても死ねない高齢者、忍び寄る〝老後悲劇〟の増加。増加し続ける「死にたい老人」と生きている理由を見だせなくなった「死ねない老人」の悲劇。

『世界一孤独な日本のオジサン』（岡本純子、KADOKAWA、二〇一八年）

世界規模で多くの人が深刻な「孤独」に苦しむ。とくに日本は「世界一孤独な国民」「孤独先進国」「孤独大国」で孤独にむしばまれている。著者は「日本は高齢者が世界一不幸な国」と語る。

『毒婦。――木嶋佳苗100日裁判傍聴記』（北原みのり、朝日新聞出版、二〇一八年）

中高年・高齢男性に結婚を持ちかけ多額の金銭を貢がせたうえで殺害。三名の殺害や詐欺など死刑宣告を受け、二〇一七年四月、死刑確定。

『筧千佐子　60回の告白――ルポ・連続青酸不審死事件』（安倍龍太郎、朝日新聞出版、二

〇一八年）

資産家の独身老人男性の後妻になって財産を奪う〝後妻業〟の毒牙にかかって全財産を巻き上げられ殺害された老人たち。被告の周辺で一〇人近い老人が不審死。騙し取った金額一〇億円。三名の殺害が認められ京都地裁で二〇一七年一一月、死刑判決。

『老いて男はアジアをめざす――熟年日本男性のタイ・カンボジア移住事情』（瀬川正仁、バジリコ、二〇〇八年）

老年期に日本から離れタイ、カンボジアなど東南アジアの国で生きることを選ぶ高齢者たち。出会った若い娘に裏切られ無一文になってもそこで暮らし続けるのは、「孤独」と互いへの「無関心」であふれ「居場所がない」日本には戻りたくないからという。

『脱出老人――フィリピン移住に最後の人生を賭ける日本人たち』（水谷竹秀、小学館、二〇一五年）

幸せな最期を求めて「日本脱出」というアクションを起こした老人たち。「日本は高齢者にとって住みにくい社会。子供に迷惑はかけられず、認知症になり、介護施設しか行く所がない。そんな社会には夢も希望もない。ところがフィリピン社会では貧しい代わりに、人の輪に入れてもらえる。高齢者に優しい」

背景にある「悲しいほどの孤独」

二〇一八年の第一七回「カンヌ国際映画祭」で最高賞パルムドールに輝いたのは、是枝裕和監督『万引き家族』だった。高齢の母親の死亡後、その年金を不正に受給する一方で家族で万引きをして暮らす一家を描いた日本映画である。事実に基づいて製作されたというこの映画は、現代日本がかかえる底知れぬ暗部が描かれている。観ていてけっして愉快な内容ではない。

映画に描かれていたように働かず、あるいは引きこもりする息子・娘たちが、両親の年金で暮らしを立て、その死を隠して年金を不正受給する事件は近年頻発し社会問題化している。窃盗の一種である「万引き」は従来、少年犯罪の典型とされてきた。しかし二〇一一年を境に少年と老人の割合が逆転。そこには少子化に対する高齢者の増加という社会背景も原因しているのだが、警視庁犯罪統計資料によれば、青少年犯罪の代表格であった万引きは、成人あるいは老人の犯罪へと大きく変質してしまった。

二〇一一年、高齢者（六五歳以上）の万引き検挙者は二七・七％となって少年（一四〜一九歳）の二五・七％を初めて上回った。二〇一六年では少年一二・二％に対し、高齢者三八・五％と年々、万引き検挙者に占める割合は増加する傾向にある。高齢者の万引き犯の三割以上が一人暮らしだった。警察の調べに対し「生き甲斐がない」「相談相手が誰もいない」と言い訳するのだという。

現代日本の老人問題の影の部分に焦点を当てた新郷由起『老人たちの裏社会』(宝島社、二〇一五年)は、現代の日本で目立つのは老人の不良化「不良老人」の急増であるとする。「ほんの少し前まで、老人は善良かつ穏やかな人徳者として重んじられ、敬い、守るべき社会的弱者ととらえられていた。ところが、今や街では万引きをしまくり、激高しては暴力に訴え、勘違いを募らせてはシニアストーカーに転じ、『死ぬまでセックス』とばかりに色欲に走る。『若者のお手本となる先人』どころか、老害を撒き散らすだけの暴走ぶりが目立つ」。次のような事例をあげている。

〈万引き老人〉

万引き老人たちの増加傾向。言い訳は興味深い。七九歳の主婦「万引きをするとき生きている感じがするの。カーッと体の奥が熱くなって、そのときはどんな嫌なことも吹っ飛んじゃうのよ」。八六歳一人暮らし女性「万引きは唯一の憂さ晴らし。毎日やることもないし、楽しいこともないから」。彼らは「生きている実感が少ない」「生き甲斐がない」「生きる意味が分からない」という「満たされない気持ち、心の隙間を万引きというスリルで埋めている」。

〈ストーカー老人〉

日本政府や社会が奨励する「生涯現役」は、恋愛にも及ぶ。「ストーカー規制法」が二〇〇〇年一一月施行されたが、近年は六〇歳以上の「ストーカー老人」の急増ぶりが目立つ。彼らの弁解は「仕事を辞めてやることも見つからず、心にぽっかり空いた穴を埋めるのにもってこいなのが『恋愛だ』」。著者は「老人は〝性のない存在〟という認識を改めるべき」と提言する。

〈暴走老人・凶暴老人〉

つねに自分が偉いと思い込み、非があっても相手に謝るどころか、注意されると逆に「バカヤロー、俺を誰だと思っているんだ！」と〝キレる高齢者〟の増加。「激高すると手が付けられない高齢者が非常に多く、とくに男性は会社組織などで上層部にいた人ほどエリート意識が高く、気位も高くて、非を認めるどころか、『自分こそ正しい』と絶対に譲りません」。「自己中心的で傲慢」。

〈毒婦の毒牙にかかり殺される老人〉

独身や独居している中高年の男性、とくに高齢の資産家を狙い色仕掛けで近づき、殺害して資産をわがものとする毒婦（筧千佐子被告・木嶋佳苗死刑囚ら）の登場。「途方もない寂しさを抱えて深い孤独の中に生きている」日本の老人たちの悲劇。彼女らの周辺ではいずれも一〇人前後が不審死・殺害しともに死刑判決。筧被告の場合は、先行する小説『後妻業』（二〇一四年）があるほか二〇一六年に映画化、二〇一九年にはテレビで連続ドラマ化。

〈孤立死・孤独死する老人〉

老人の多くは、テレビと読書だけの毎日が続く。誰とも交流を持たず自宅に閉じこもる。定年後に生き方が分からないまま自宅に閉じこもる単身男性は極めて多い。日本特有の「企業社会」のタテ社会にのみ生きて、ヨコ社会のフラットな人間関係を築くことができない。

〈生き地獄化する老後〉

とくに「楽しみもなく、喜びのない、ただ燻《くすぶ》るだけの日々」。「死に向かうだけの存在」「時間があり過ぎて困る」「毎日本当にやることがない」「読書しかない毎日は飽きるし退屈すぎる」。次の取材に向かう筆者を、ある老人（七一歳）は羨ましそうにつぶやく。「忙しそうだね。いいなあ」。彼らは毎日、ヒマを持て余している。ここには「やることがある」という幸福の実感がない。著者は言う。「長生きは本当に万人に幸せなのだろうか」。

老人問題、老年哲学のキーワードのひとつは「孤独」である。孤独は世界的な問題で全世代に共通する問題でもあるのだが、若者の場合と違って、老人の孤独はそのまま「孤独死」「孤立死」という死の問題に直結する。成人の五人に一人が孤独を実感し七五歳以上の半数以上が独居というイギリスは二〇一八年一月「孤独担当大臣」を設置した。在英ジャーナリスト・小林恭子によれば、英国で六五歳以上の人口は、二〇一六年の時点で約一八％（国家統計局調べ）。日本は二七・三％（人口推計）。三〇年後の二〇四六年、英国ではこの割合が二四・七％に上昇すると推定される。今後、急速に進む高齢化に英政府が危機感をもっていることも、孤独対策を後押しする理由となった。人口約六六〇〇万人の英国では、約九〇〇万人の成人が孤独に苦しんでいると推定されている。ロンドンに住む難民の五八％、七五歳以上の三人に一人が孤独感情をもつ。六五歳以上の三六〇万人が、「テレビが唯一の友人」と答えているという

（『YOMIURI ONLINE』二〇一八年五月一六日）。

老人に限られることなく「孤独」は現代世界が直面する最重要問題の一つである。しかし老人の孤独はその深刻度において、若者たちの青春期特有の感傷的な、独りよがりの孤独とは様相を大きく異にする。老年期に切実に感じ深刻さを増す孤独・孤立感、そして孤独死・孤立死へのおびえ。これらは生と死に関する考え方、すなわち死生観とも深く関わってくる。

2　老後と死について

「終活」の大失敗

自宅近くの医療科学系大学で二〇一四年から一般教養講座「哲学と死生観」を担当する。死生観の定義の一つとして学生に紹介するのが、ノーベル文学賞候補に毎年のように名前が挙がる国際的小説家・村上春樹の処女作『風の歌を聴け』（講談社、一九七九年）の言葉である。主人公の「僕」に友人がこうつぶやく。

「こんなのもあった。『優れた知性とは二つの対立する概念を同時に抱きながら、その機能を充分に発揮していくことができる、そういったものである。』」

「誰だい、それは。」
「忘れたね。本当だと思う?」
「嘘だ。」

ここに引用された「優れた知性」云々というのは、名作『偉大なるギャツビー』(一九二五年)の著者、F・スコット・フィッツジェラルドの告白的エッセイ「崩壊 The Crack-Up」(一九三六年)中の有名な一節——The test of a first-rate intelligence is the ability to hold two opposed ideas in the mind at the same time, and still retain the ability to function. ——である。

フィッツジェラルドの言葉は死生観を理解するうえで役立つ。死は、生から切り離し独立したものではなく、生とセットで考えられるべきものである。死を、生に優先する特権的な地位に祭り上げ、生きているという現実を軽視するようなことがあってはならない。

二〇一四年に六五歳以上の人口が三〇〇〇万人を超えたが、高齢者自身がもつさまざまな不安を背景に、死と向き合い、自分の人生を総括するための準備活動「終活」が社会的ブームとなっている。自身の医療・介護についての要望のほか、身辺整理・遺言・相続手続きなどを含む。一見好ましい人生の最期のありようを示すものとして社会に歓迎されたのだった。しかしこうした「死の先取り」が必ずしも好ましい結果を生むとは限らない。

「余命一年もないと医師に宣告されながら、五年たっても生きています」。

現在日本でブームとなっている「終活」大失敗の例を西日本新聞（二〇一八年七月二九日朝刊）が報じている。それによると、福岡県久留米市の七一歳男性は五年前の二〇一三年一月、顔と上半身に紅斑が現れたことで県内の病院に検査入院した。すると難治性血液がんの成人T細胞白血病（ATL）と診断された。ATLは発症すると免疫機能が低下したり、リンパ節が腫れたりする。根治が難しい。男性は「医師から『次の誕生日は一二〇％迎えられない』と説明を受けた」ことで、まもなくやってくる死を受け入れ「終活」に専念することにした。取引先にあいさつして回り、経営する設計企画事務所を閉じ、財産は売却し子どもに譲り、親族には別れの手紙を書いた。死を前にして、仕事や財産などの整理も完璧に済ませたという。

抗がん剤治療の影響で歩行が難しくなり車の運転もできなくなった。ところが診断から五年。体に痛みがあり通院しているものの、「死」が訪れる気配は少しもない。男性の抗議に対し、病院側は「次の誕生日は一二〇％迎えられない」と発言したことを否定。「診断に誤りはなく、治療が奏功して症状が改善した」と説明し、謝罪はしなかった。男性は生きていることは喜ばしいとしながらも「余命一年」の宣告を真に受け、「終活」で仕事も財産もすべて失ってしまったことを深く後悔する日々だという。「終活」を実行したのはいいが、「何も手元に残していない。これからどう生きていけばいいのか」。男性の悲痛な声は、ブームとなりビジネス化しつつある「終活」の危うさ、「生」に先んじる「死の先取り」の愚かさを語るものではないか。

死に対する準備活動「終活」は、古来、東西の賢人たちによって繰り返し語られてきた。古代ローマの哲人王マルクス・アウレリウスもその一人である。「今すぐにも人生を去って行くことのできる者のごとくあらゆることをおこない、話し、考えること」（『自省録』）。モンテーニュも言う。「死はどこでわれわれを待っているかわからないから、いたるところでそれを待ち受けよう。あらかじめ死を考えておくことは自由を考えることである。死を学んだ者は奴隷であることを忘れた者である。死の習得はわれわれをあらゆる隷属と拘束から解放する」（『エセー』）。彼らの言葉は、「終活」の発想と変わらない。

死に対する覚悟・準備を語るものとして中世以来、西洋世界で呪文のように唱えられてきた「死を想え《メメント・モリ》（memento mori）」やハイデガーの「先駆的決意性」と同様、死が身近にあってつねに死を覚悟させられていた江戸サムライ社会にも同じような言葉がある。あまりにも有名な「武士道と云うは死ぬ事と見つけたり」（山本常朝『葉隠』一七一六年頃）のほか、「武士という者は、正月元旦に雑煮の餅を祝うといって箸を持った時から、その年の大晦日の夜に至るまで、朝夕つねに死を考えることを以て武士本来のあるべき姿の第一とすべきである」（大道寺友山『武道初心集』一八三四年）というのもある。

支度なしの覚悟

死に対する「準備」＝「終活」は、周囲の迷惑への配慮や確立した個人の自覚、あるいは現代日本で流行の「自己責任」などといった社会的・時代的要請に相応する一見、好ましい傾向のように思える。しかしこれは高齢者にとっては、あるいは精神のエネルギーを奪い、生きる意欲を減退させるものとなるのではないか。死に近づき、死を目前とし、死を当然とする老人とはいえ、「死の準備」など一、二日でさっさと済ませ、残りの多くの日々をよりよく生きることに生のエネルギーを注ぐべきだと思われる。死を生から切り離し、死に過剰な思い入れをする必要はない。

孔子は「終活」に無縁である。彼の死に対する考えは、実にあっさりしている。「死生命有り、富貴天に在り（生と死、あるいは金持ちになったり偉くなったりすることは、天命によるものであり、人力ではどうすることもできない）」（『論語』顔淵）。同じようにあっさりしているが、荘子の死生観は哲学的だ。「死生は昼夜たり（生と死は、朝に起き、夜に寝るのと変わるところがない。死を特別視すべきではない）」（至楽篇）。こうも言う。「真人《しんじん》は生を説《よろこ》ぶを知らず、死を悪《にく》むを知らず。その出《い》ずるも欣《よろこ》ばず、その入《い》るも距《こば》まず。悠然《ゆうぜん》として往《ゆ》き、悠然として来《きた》るのみ（真理を悟った人は、生を喜ぶことも知らないし、死を憎むことも知らない。生まれてきたからといって嬉しがるわけでもなく、死んでいくからといって嫌がるのでもない。

悠々として死に、悠々として生まれ来るだけである）」（大宗師篇）。

死と生を二分化しない東洋的な死生観を代表するものとして孔子の「未だ生を知らず、いずくんぞ死を知らん（いまだに生きることの意味がよく分からないのに、死がどういうものかなど分かるはずもない）」（同・先進）はよく知られている。西洋の代表的な汎神論者の一人、オランダの哲学者スピノザにも同じ言い方がある。「自由の人は死について考えない。彼の知恵は、死について考えるのではなく、生について考えることにある」（『エチカ』第四部定理7）。

死に対するもっとも適切な対処法は「支度なしの覚悟である」とフランスの哲学者ウラジミール・ジャンケレヴィッチ（一九〇三―八五）は言っている。「生涯の間毎日死を思い、深刻な省察の宝を蓄積し、箴言や賢者の警句を貯えたとしても、死すべき運命を担った人間は死については幼児と同じように無知、無経験、無器用であろう。そのときが訪れると、冷たい暗闇の縁に立ち、その未知の世界から吹きつけてくる凍った風に身をさらして、人はいずれもみな弱く、無防備なことだろう。それほど真暗な大いなる夜のしきいの上では、賢者ももはや哀れな一孤児にすぎない。……実存の連続に関係のある生の状況は準備を必要とし、ときには見習い、ないしは慣れを許しもしよう。だが、人は死ぬのは習わない。まったく別の秩序のものに対して準備することはない。死が要求するもの、それは支度なしの覚悟だ」（『仕事と日々・夢想と夜々』仲澤紀雄訳、みすず書房、一九八二年）。

ここにも「終活」の発想はない。死を恐怖し準備したとしても始まらない。死に直面したとき覚悟を決めればよい。一八二八年一一月、新潟越後の大地震（三条地震）に遭遇した江戸後期の禅僧・良寛（一七五八―一八三一）は「災難に逢《あう》時節には、災難に逢がよく候。死ぬ時節には、死ぬがよく候。これはこれ災難をのがるゝ妙法にて候」と知人への手紙に書いた。

死は不意に人間を襲うものであって「準備」しきれるものではない。「終活」などにエネルギーを注ぐことなく、死に直面したそのときに覚悟を決め死ねばよい。死を過大に思い込み過剰に評価すべきではない。日本でもっとも知られた絵本の一つで、日本的な死生観を語って死生学に関する本や学術論文にもよく引用される『100万回生きたねこ』の作者・佐野洋子（一九三八―二〇一〇）の言葉は見事だ。

要するに、自分なんて大《たい》した物じゃないんですよ。同様に、誰が死んでも困らないわけ。例えば、いまオバマ（米国大統領）が死んでも、必ず代わりが出てくるから、誰が死んでも世界は困らないわけですよ。だから、死ぬということをそう大げさに考える必要はない。

（『死ぬ気まんまん』光文社文庫、二〇一三年）

佐野の言葉は、臨床体験に基づく終末期医療の必読書として世界的ベストセラーとなったシカゴ大学医学部の精神科医エリザベス・キューブラー＝ロスの『死ぬ瞬間 On Death and Dying』（一九七一年）を念頭に置き、これを批判する文脈のなかで語られている。同書は〝死に至

る〟人間の心の動きの順序を、

①否認・孤立 denial & isolation
「何かのまちがいだ」絶対に認めないという強烈な拒否反応
②怒り anger
なぜ自分が死なねばならないのか「どうしてあの人じゃなくて俺なのか⁉」
③取り引き bargaining
◯◯をするので少し待って！　何かと引き替えに医師や神仏に訴える
④抑鬱 depression
どうせ死ぬんだ、何をやってもダメだと悲観と絶望でひどく落ち込む
⑤受容 acceptance
死を事実と受け止め運命として覚悟し、これまでの人生を静かにふり返る

という五段階のプロセスで説明し分析を加えた。

佐野は、こうした分析を大げさで、死をあまりにも重大視し特権化するものだと疑問視した。佐野の場合、死の宣告はいっきに最後の「受容」に達するからである。孔子や荘子の死生観に通じるものがある。しかしふつう一般の人間にとって「死」は人生最大の重大事にほかならな

い。小林秀雄は死を「悲しみ」という言葉で表現した。「死者は去るのではない。還《かえ》つて来ないのだ。と言ふのは、死者は、生者に烈しい悲しみを遺さなければ、この世を去る事が出来ない、といふ意味だ。それは、死といふ言葉と一緒に生まれて来たと言つてもよいほど、この上なく尋常な死の意味である」「死を虚無とする考へなど、勿論、古学の上では意味をなさない。死といふ物の正体を言ふなら、これに出会ふ場所は、その悲しみの中にしかないのだし、悲しみに忠実でありさへすれば、この出会ひを妨げるやうな物は、何もない」（『本居宣長』新潮社、一九七七年）。

死に対する佐野の「受容」あるいは小林のいう「悲しみ」――これらはともに日本的な死生観の特徴を語るものだろう。佐野に見る日本的死生観については後述するが、その前に、西洋の死に対する基本的な考え、死生観というものがどのようなものであるかを見てみよう。キューブラー＝ロス『死ぬ瞬間』はこうした死生観と深く結びついている。

恐怖と絶望としての死

西洋世界では一般に、死を恐怖と絶望、突発的な暴力いわば絶対悪として認識する。たとえば、パスカル、このキリスト教信仰に生きた思想家にとって死は恐怖・絶望・悪徳以外の何ものでもない。死後、一六七〇年に刊行された『パンセ』（松浪信三郎訳、河出書房新社、一九六五年）で言う。

われわれを瞬間ごとに脅かしている死は、遠からずして、永遠の滅亡または永遠の不幸という恐るべき必然性のなかに、いや応なしにわれわれを投げ込むであろう。

多数の人々が鎖につながれ、そのすべてが死刑を宣告されており、そのなかの幾人かが、日ごとに他の人々の眼前で絞殺され、残った者は、その仲間の状態のうちに自己自身の状態を見、悲惨と絶望をもってたがいに顔を見あわせながら自分の番が来るのを待っている。これが人間の状態の写しである。

イエス・キリストなしには、人間は悪徳と悲惨のうちに沈むほかはない。イエス・キリストと共にあるならば、人間は悪徳や悲惨から免がれる。彼のうちには、われわれのあらゆる徳、あらゆる祝福がある。彼のそとには、悪徳、悲惨、誤謬、暗黒、死、絶望が、在るばかりである。

パスカルの「死」理解は、日本人の考え方とはだいぶ違っている。パスカルの理解は西洋人一般の死認識を代表する。前出のジャンケレヴィッチも「死とわたしはけっして一緒になることがない。死とわたしとは互いに排斥し合い、互いを追いかけ合う。……まったく、人は死に慣れるということがない。死は、生きているものがけっして順応することができない唯一の生物学上の出来事だ。そこで、どのように用心しようとも、死はつねにわれわれを不意打ちする」(『死』仲澤紀雄訳、みすず書房、一九七八年)。死は人間を不意打ちすると同時に暴力的でもある。「死は生に立ちはだかり、生を限界づけます。いつの日か死は生を断ち切る。……死はつねに暴力です。死はいつだって突発的に暴力をふるってやってくるのです」「老人が自宅から一歩も出ずに風邪を引いて死んでも、それは突然の暴力的な死なのです」(『死とはなにか』原章二訳、青弓社、一九九五年)。

永遠の滅亡、永遠の不幸、死刑の宣告、悪徳、悲惨、誤謬、暗黒、絶望、そして人間を不意打ちする突然の暴力。死は、人間にとって〈最も悪しきもの〉として存在する。反体制運動に加わり死刑宣告を受けたドストエフスキーほど、これを生々しい言葉で語った文学者はいない。彼は銃殺刑の直前、死刑執行を免除されるという、いわば〝死刑体験者〟だった。『罪と罰』では主人公ラスコーリニコフの口を借り、死の恐怖と絶望をこう語る。「もしどこか高い岩壁の上で、それも、やっと二本の足で立てるくらいの狭い場所で、絶壁と、太洋と、永遠の闇と、永遠の孤独と、永遠の嵐に囲まれて生きなければならないとしても、そして、その一アルシン(約七〇cm)四方の場所に一生涯、千年も万年も、永久に立ちつづけなければならないとしても、それでも、いま死んでしまうよりは、そうやって生きたほうがいい、……。なんとか生きていたい、生きて、生きていたい！　どんな生き方でもいいから、生きていたい！……なんという真実だろう！　ああ、なんという真実の声だろう！」（『罪と罰』江川卓訳、岩波文庫、一九九九年）。

ここに見るのも、生を完全に絶対的に否定し消滅させる〈悪しきもの〉としての死である。死は誰にでも必ずやってくる。突然やってくる死。死は恐れと驚きをもってわれわれの生を真っ二つに引き裂く。闇と光、絶望と希望、死の必然性への恐怖と生への燃えるような希求という二つに。

ドイツの哲学者ハイデガーは言う。「ひとは結局いつかは死亡するものだが、差《さ》しあたっては自分自身には関係がない」「死亡するのはそのつどほかならぬこの私ではない」「死は確実にやってきはするが、しかし当分はまだやってきはしない」「こうして世人は、死の確実性に特有なこと、すなわち、死はあらゆる瞬間に可能であるということを、隠蔽してしまう」（『存在と時間』中央公論社、一九七一年、原著一九二七年）。ハイデガーの哲学は「死を想えmemento mori《メメント・モリ》」から出発する。死によって真の自己を発見し真実の生き方を実現せよ！――ここにおいてハイデガーは、「死」を先取りする「先駆的決意性」を強調する。それは次のように整理できる。

人間とは「死に向かう存在」、すなわち死を理解し死に関わることのできる唯一の存在である。人間は自分の死に直面してはじめて自分の人生の全体像・意味を知ることができる。誕生と死によって限界づけられている人間（現存在）は、その生の全体性をとらえるためには、自分の死を経験する必要がある。しかし人間は自分の死を経験することはできない。人間は死によって自身の生の全体性をとらえることができるのだが、人間は死を他人事《ひとごと》と考えている。このため、死を深く考えようとも死を直視しようともしない。いつも死から逃げてばかりいる。「自己の死」という恐怖から眼をそらし「おしゃべり・好奇心・曖昧性」（たとえば、他人のゴシップや噂話などに熱中しネットやゲームなどによる刺激や気晴らし）に埋没する。このことで自己の真の姿および人生の真実が覆い隠されてしまう。そうではなく、未来に待っている死の時点から現在の自分を見直せ。こうすることで、本来の自分を取り戻すことが可能となる。真の自分を発見できる。真実の生き方が見えてくる。

これをハイデガーは「先駆的決意性（覚悟性）」という言葉で語った。死という究極的・絶対的な存在消滅に対して、恐怖・絶望し、あるいはふだんから「死を想え memento mori」、「死に備えよ」と主張するモンテーニュやハイデガー、武士道論者たちの要請は一見、合理的で、かつ正しい主張のように思える。しかし哲学的あるいは論理的な正しさは、必ずしも万人にとって正しいものとは言えない。中世ヨーロッパを襲った恐るべき黒死病ペストの猛威も、病で道にうち捨てられた死体も、銃や砲弾で破壊された死骸、処刑場で斬首される罪人の死――江戸時代の藩校教育には、罪人処刑見学が組み込まれることもあった。サムライとしていつでも腹を切れる覚悟を鍛えるためである――など、人間の死を身近に見ることの少ない現代人に、死を想え、死に準備せよと説いても、実感としてこれを受け止めることのできる人は今日の

「終活」ブームのなかにあってもそう何人もいないだろう。

日本人の死

一方、これに対し日本人の一般的な死認識はもっと平凡な、より穏やかなものである。孤立した近代知識人の内面的な苦悩を描いたとされる小説家・高見順（一九〇七―六五）は食道ガンの宣告後、自己の死を自覚し、死の前年に「帰る旅」という詩を書いた（詩集『死の淵より』一九六四年）

この旅は
自然へ帰る旅である
帰るところのある旅だから
楽しくなくてはならないのだ
（中略）
大地へ帰る死を悲しんではいけない
肉体とともに精神も
わが家へ帰れるのである

ここに見る死生観は、孔子の生重視主義や荘子の死生一如の死生観ともやや違っていて、死生学や死生観に関する本でも時々目にすることがあるアメリカインディアン・プエブロ族（アメリカ南西部、ニューメキシコ・アリゾナ両州に住む先住民）の死生観と同じ響きをもつ。


今日は死ぬのにもってこいの日だ。

生きているものすべてが、私と呼吸を合わせている。

すべての声が、わたしの中で合唱している。

すべての美が、わたしの目の中で休もうとしてやって来た。

あらゆる悪い考えは、わたしから立ち去っていった。

今日は死ぬのにもってこいの日だ。

わたしの土地は、わたしを静かに取り巻いている。

わたしの畑は、もう耕《たがや》されることはない。

わたしの家は、笑い声に満ちている。

子どもたちは、うちに帰ってきた。

そう、今日は死ぬのにもってこいの日だ。

（ナンシー・ウッド『今日は死ぬのにもってこいの日』金関寿夫訳、めるくまーる、一九九五年）

自然と一体化した死、自然の一部である人間の、素直な死の受け止め方をここに見ることができる。一般的な日本人の死生観は、春に芽生え冬に枯れる四季のリズムと同じく自然循環の一部としての「生」であり「死」である。これを現世主義的な「死というあきらめ」あるいは「生死交替の軽やかさ」と表現することもできるだろう。

奈良時代の歌人・大伴旅人（六六三―七三一）の「この代《よ》にし楽しくあらば来《こ》む世には虫にも鳥にも吾はなりなむ」（『万葉集』）。この世さえ楽しければ、来世は地獄に堕ちても、人間に生まれなくても、ちっともかまわない。平安前期の歌物語『伊勢物語』にも「散ればこそいとど桜はめでたけれ憂き世になにか久しかるべき」。現世にあって、永遠なものなどありはしない。死があるからこそ生の尊さが輝く。散るからこそ、そのぶん桜は愛おしくなるように。死は恐怖や絶望・暴力などではない。大自然が人間に与えた恵みだ。「散る桜残る桜も散る桜」良寛の辞世の句と伝えられるこの句でもそれは同じだ。人間は誰もが必ず死ぬ。それはけっして悲しむべきことではない。大自然のリズムの中で生と死は静かに交替する、と。

生きている者もいずれ最後には必ず死ぬ。生きている間は楽しく生きよう、死ぬことなど考えなくていい。この世はこの世、あの世はあの世である。すべてがはかないこの世にあって、永遠なものなどありはしない。惜しまれてさっと散っていく桜は、じつに見事で潔いではないか。人は生まれた瞬間から死ぬ定めにある。死は自然のできごとであって、少しも悲しむべきことではない。良寛が死に際につぶやいたという「うらを見せおもても見せて散るもみじ」の句にあるように、人間は紅葉がはらりと散るように自然のままそっと静かに死ぬがよい。

ところが、こうしたあっさりとした日本的な死生観に対し、いらだちと怒りを隠さない人がいる。パスカルである。人間は「ふんわりと死に身をゆだねようと思う」など、死を軽々しく思い扱うようなことがあってはならないからだ。

> いったいどうしたわけで、次のような考え方が、道理をわきまえている人間の心のなかに起こりうるのだろう。「……私の知っていることのすべては、私がやがて死ななければならないということであり、しかもこのどうしても避けることのできない死こそ、私の最も知らないことなのである。……私は何の予測《よそく》も何の恐れもなくこのような大事件をためしてみようと思う。そして、私の未來の永遠の状態について不確かのまま、ふんわりと死に身をゆだねようと思うのである」。だれがいったい、こんな調子で論ずる男を友だちに持ちたいと思うだろうか。だれがいったい、よりにもよって、こんな男を自分の問題を打ち明ける相手として選ぶだろうか。
>
> （『パンセ』断章１９４、前田陽一・由木康訳、中央公論社、一九六六年）

大伴旅人や伊勢物語、良寛らの詩歌・俳句が日本の死生観を代表するものとは必ずしも言えない。しかし死を恐怖や絶望・暴力などとはせず、自然のリズムに組み込まれたごく自然の成り行きと考えるのは古来変わりがない。死を生の完全否定や存在の絶対的消滅〈最も悪しきもの〉とは考えない。何としても生きたい、死にたくないとどこまでも生に執着し、しがみつこうということもない。死に対しては「あきらめ」がさきにくる。そんなに慌てることもなく、じつに淡々とあっさりしている。結核はかつて治癒困難な死病として恐れられたが、若き日を結核療養所で過ごした経験をもつ思想史家・渡辺京二は、入院患者らが「死期が迫っても冗談を言って笑い、やがて黙って死んでいく」ことを語っている（『朝日新聞』二〇一八年一二月一九日朝刊）。

こうしたあっさりした死に対する日本人の態度をパスカルが知ったなら、「だれがいったい、こんな調子で論ずる男を友だちに持ちたいと思うだろうか。だれがいったい、よりにもよって、こんな男を自分の問題を打ち明ける相手として選ぶだろうか」と憤慨したのはまちがいない。日本人の死に対する基本的な考えは、西洋一般の考えとは大きく異なる。日本人の死認識は、パスカルに非難されようとも、「ふんわりと死に身をゆだねよう」とする態度にあるだろう。

3　女性的な死生観

死という「別れ」

第一回「老年哲学」国際学術会議（韓国・報恩郡俗離山、二〇一八年八月七、八日）のテーマは日本と韓国の死生観「韓国人と日本人は生と死をどのように理解したか？」だった。わたしは「日本人の死生観――現代グローバル世界で求められる死生観とは」と題し日本的な「あきらめ」や「あっさり」した死生観に対して〈女性的死生観〉の必要性を語った。それは以下の通りである（一部加筆・修正した）。

現代日本の社会は死をタブー視し、老いを忌避する傾向にある。核家族化が進んだ結果、祖父母の死や老衰を身近で体験する機会も減った。老衰した老人のほとんどが自宅ではなく病院か老人施設で死を迎える。死との直接的な接触の機会のなさ、現実感を欠いた死別体験が、現代日本人に生の尊厳や死への想像力の希薄化に力を貸している。近年、死刑になることを望み、あるいはただ人を殺す事だけが目的の若者らによる無差別殺傷事件が頻発するのもこうした時代風潮にも原因の一端があろう。

医療科学系大学で私が担当する「哲学と死生観」講義では、生の尊厳や生のかけがえのなさは死の存在があって初めて理解できること、死との関係で生を見つめ考えるべきことを説いている。今日の超長寿社会や「成熟社会」に求められる死生観とは、自己だけで完結し死という存在消滅を「あきらめ」として受け止める日本古来の、いわば男性的なものではない。他者との関わりのなかで生を心から愛おしみ、かけがいのない〈いのち〉を大切にし、共有しようとする女性的な死生観こそ求められているのではないか。

死という問題、死と生に関して医学的・学術的・学際的に考察するとき、それは「死生学Thanatology／Death Studies」と呼ばれる。これに対し死生観とは、生活的・経験的・人生論的な立場で、死を大前提とする「生」全体への見方・覚悟・心構えを包括する言葉である。死生観という言葉が日本社会でよく使われるようになったのは、ここ一〇〇年の歴史でしかない。日露戦争（一九〇四～五年）前後から「死にどう向き合うか」とか「死後についてどのような考え方をとるのか」との問いのもと、仏教布教家・加藤咄堂（一八七〇―一九四九）の『死生観』（一九〇四年）の出版を機にそれまでの「生死観」に代わって使用され、世間に定着していったのだという（島薗進『日本人の死生観を読む』朝日新聞出版、二〇一二年）。

「生死観」も「死生観」も意味するところは同じだが、生死を「しょうじ」と読むのであれば仏教的なものとなる。現代日本では「生死観」より、死という「生の終焉」の覚悟を求める「死生観」という言葉が好まれる傾向にある。死生観や生死観、自他の死に関わる著作やテレビ番組、雑誌の特集・新聞記事はここ数年来の商業ベースに乗った「終活」や「老活」ブームの影響、あるいは現代日本の人口激減化や超高齢社会といった深刻な事態や将来への不安もあるためか、とくに最近は目立って増えてきた。

さきに紹介したように『伊勢物語』では「散ればこそいとど桜はめでたけれ憂き世になにか久しかるべき」と言う。さっと咲き、さっと散っていくからこそ桜は潔く、愛おしい。辛いこの世に永遠なものなどありはしない。良寛の「散る桜残る桜も散る桜」「裏を見せ表も見せて散るもみじ」などは今でも愛誦する人も多い。大自然がもつ固有のリズムの中で生と死は静かに軽やかに交替する。日本人は「死」を、西洋のように〈悪しきもの〉とは考えない。この世の無常、はかなさを象徴するものとしての死である。

無常観やこの世のはかなさへの感傷は、現世肯定の楽天主義と強く結びつく。大伴旅人「この世にし楽しくあらば来《こ》む世には虫にも鳥にもわれはなりなむ」「生《い》ける者つひにも死ぬるものにあればこの世なる間《ま》は楽しくあらな」(『万葉集』)。豊かに恵まれた美しい自然のなかで、来世など気にせず現世だけを大切にして生きよう。人はみな死ぬのが定めである。生きている間は楽しく過ごそうではないか。ここに「死」の絶望や悲しみはない。ただひたすら手放しの楽天性・生命賛美が語られている。

日本人の現世主義・楽天性の背後には、死に対しては何をしても抗えない、あきらめるしかないとの思いが存在する。死という事実に対し、受講する学生の多くが共感を示すのが死を「別れ」とみる考え方である。東大教授時代に末期ガンを告知された宗教学者・岸本英夫(一九〇三―六四）は随筆『死を見つめる心』（一九六四年）で「別れ」としての死を語った。「人間は長い一生の間には親しかった土地・人々らと別れなければならないことがある。死とは、別れの大仕掛けの徹底したものではないか。死んでゆく人間は、みんなに、すべてのものに、別れを告げなければならない」。祖父母など身近な家族を亡くした体験をもつ学生ほど、この言葉に深い共感を示す。

日本の別れのあいさつ「さようなら」「さらば」は、「左様（然様）なら」「然らば」と書く。そこにあるのは「そうであるなら、じゃあねまた」「そういうことなので、では」と終わった事柄への決別であり、新たな事柄への移行である。「さようなら」も「さらば」も今の終了と新しいことへの旅立ちをあらわす。「死」とは、親しい人々・なじんだ世界・あらゆるものとの究極的・決定的な「さようなら」「さらば」である。死を「別れ」とみるのは、多くの学生たちにとって親しみ深いものらしく、抵抗なく受け止められている。

死という「あきらめ」あるいは「アナンケ」

日本の東北地方を襲った巨大地震（二〇一一年三月一一日、東日本大震災）は、巨大な津波とともに二万人を超える死者・行方不明者を出した。私の生まれ故郷の福島県は原発事故を含め最大の被災地となった。現地に住む親族たちの話では、海水が引いた後の田や水路には無数の死体があちこちに浮かんでいたという。不思議なことに当時のテレビニュース、新聞記事・

雑誌写真のどれを見てもそこに一体の死体もなかった。当時ニューヨークにいた知人によれば、テレビや新聞でも津波に巻き込まれた人々の死体がふつうに映し出され写真になっていたという。

神道系のある著名な学者はこの理由を、日本神道の「御霊《みたま》信仰」で説明する。日本人は死んで死体となるのではない。「霊」すなわち「神」となる。神（御霊）になった死体を映すべきでないと日本メディアが配慮した結果だという。伊弉諾《いざなぎ》・伊弉冉《いざなみ》の古代神話以来、死体は「穢《けが》れ」である。葬式の後、わが家に入る前、日本人は全身に塩をふって穢れを洗い落とす。死体は穢れだからである。「御霊信仰」というよりも、穢れである遺骸は人目にさらすべきではないとして映し出され写真に撮られることがなかったというのが正しい理解だろう。

震災直後、現地で取材した世界のメデイアがとくに注目したのは、被災した日本人がしきりに発する「シカタガナイ」あるいは「ショウガナイ」「ガマン」という言葉だった（別冊宝島編集部編『世界が感嘆する日本人』宝島社、二〇一一年）。震災の翌日、フランスの代表的新聞『ル・モンド』は「Shikataga nai（しかたがない）」の見出しを付けて報道した。アメリカの有力なニュース週刊雑誌『タイム』も三月二〇日号で「Shoganai（しょうがない）」を記事にした。記事では「仕方（しかた）がない」や「仕様（しょう）がない」は、予想のつかない変化に対する無力感や衰弱した精神を意味するのではなく、コントロールできないことを克服する冷静な決意や不屈の精神を示すもので、同時に日本人特有の「あきらめ」の境地を表現する言葉だと解説している。

死を「別れ」とみる死生観と同様に、こうした「あきらめ」も日本人の死生観の特徴だろう。死は人知を超え抗うことのできない自然の力、自然必然の運行によってもたらされる。死に直面した人間はただ黙ってこれを「あきらめ」て「ショウガナイ」「シカタガナイ」と受動的に受け止めることしかできない。日本固有の風土がこうした精神態度の背景にあるのだと思われる。温順な気候風土・森林大国（国土の三分の二が森林）に育まれ豊かで恵みとしての自然。一方で、毎年夏から秋にかけて多大な被害を与える台風の襲来。「台風列島」は「地震列島」（日本列島に太平洋・北米・ユーラシア・フィリピン海という四枚の収束型プレートが集中し地震を惹起）であって、同時に「火山列島」（国内に一一〇もの活火山の存在）でもある。日本は古来、自然災害大国という側面をもつ。

日本人の自然随順や自然との一体感においては、人間は死ねば母なる大地（大自然）に戻っていく。辛いこの世からの解放、休息としての死。毎年多発する自然災害に伴う死は、「あきらめる」しかない。風土的要因とともに神道や仏教に育まれてきた死認識、これに加え一二世紀の源平交戦以来、長きにわたって日本を支配してきた武士の死生観も影響していよう。醜い生より美しい死、潔い死を望ましいとするからだ。

こうした「死というあきらめ」を、ゲーテは「一挙にひとまとめに断念する」という言葉で語っている。死の前年に完成し死後の一八三二年に出版された自叙伝『詩と真実』第四部16章でこう言っている。――肉体的および社会的生活、風俗、慣習、世間知、哲学、宗教、さらにはさまざまな偶然の出来事、そのすべてがわれわれに諦めなければならない、と呼びかけている。これは難しいことではあるが、これを解決するため人間には誰にも「浅はかさ」という能力が与えられている。それのおかげで人間は、次の瞬間にやることが見つかれば、いつでも一つ一つのことを諦めることができるようになっている。こうしてわれわれは無意識のうちにわれわれの生活全体を立て直す。一つの情熱を失えばまた別の情熱をかわりに持ち出す。仕事、嗜好、趣味、道楽、あらゆるものをわれわれは試みる。あげくの果ては「なにもかもが空しい」と叫ぶのがおちである。この誤った、いな、神をないがしろにする言辞を聞いて驚く者は一人もいない。それどころか、なにか賢明なこと、否定できないことを語ったようなつもりでいる。これらの人々に対し、

ただ少数の人だけが、このような耐えがたい感懐をして、すべてを一つ一つ諦めることを避けるために、一挙にひとまとめにして断念するのである。こういうひとびとは、永遠なもの、必然的なもの、法則的なものを確信している。

（『詩と真実』ゲーテ全集10、河原忠彦ほか訳、潮出版社、一九八〇年）

少数の人だけが行うことが可能な「一挙にひとまとめにして断念する」ことができる精神。

それは名誉・財産、あらゆる欲望、自身の生存・死を含め現前する世界のいっさいを、全部ひとまとめにして放擲《ほうてき》できる精神である。ゲーテの文章は、キリスト教世界にあって無神論者として嫌悪され弾劾されてきたスピノザを擁護するために書かれている。ゲーテの見るところ、この世のいっさいを「一挙にひとまとめにして断念」することのできる人だったスピノザは「永遠なもの、必然的なもの、法則的なものを確信」したことで、この世のいっさいを「一挙にひとまとめにして断念する」ことができた。

この世のすべてを「一挙にひとまとめにして断念する」ことを、ゲーテやフロイトはギリシャ神話の運命の女神を意味する「アナンケ〈必然性〉」という言葉で語る。ゲーテは詩集『神と世界』「始原の言葉・オルペウスの教え」（一八一七年）で欲求も気まぐれも服従せざるをえない厳しい必然「ΑΝΑΓΚΗ《アナンケ》」に言及している。自然必然の法則、非情な「アナンケ」に毅然かつ平然と服従するところに、人間が自らに備わると固く信じる「自由意志」を超えた真実の世界が開かれる。ゲーテの「アナンケ」概念は尊敬するスピノザに学んだものであって、ゲーテその人の死生観をあらわすものでもあろう。

『100万回生きたねこ』とその作者

講義で紹介し解説した死生観に関する本のなかで、看護学部や薬学部などの女子学生たちがとくに関心を示したのが、さきに取り上げた佐野洋子の作・画による絵本『一〇〇万回生きたねこ』である。幼稚園や小学校で母親や先生から読んでもらった、教えてもらったと語る学生が少なくない。この絵本は一九七七年に出版され二〇〇万部を超えるロングセラーとして読み続けられているほか、死生学や死生観に関する学術書・学術論文で取り上げられることもある。

絵本のあらすじはこうだ。一〇〇万回も死なない猫がいた。一〇〇万回死んで一〇〇万回生き返った。王様や船乗り、サーカスの手品使い、泥棒、一人ぼっちのお婆さん、小さな女の子など一〇〇万人に飼われ可愛がられた。猫が死んだとき一〇〇万人の誰もがその体を抱いて泣いた。しかし猫は一回も泣かなかった。死んでもすぐ生き返って別の飼い主の猫になった。立派なトラ猫だったので多くのメス猫から求愛された。どれも相手にせず、すべて無視した。ただ一匹、猫に見むきもしない白い美しい猫に心を奪われた。求愛が成功し結婚した。生まれた子猫らが巣立っていき、夫婦で幸せに暮らしていたある日、白猫は死んでしまった。となりで静かに動かなくなっていた白猫を抱いて猫は初めて泣いた。夜も朝も毎日、猫は一〇〇万回泣いた。泣き続けたある日、猫は白猫のとなりで静かに死んだ。もう生き返ることはなかった。

愛する他者によって真の「生きる」喜びを知ったことで、猫は初めて死を素直に受け入れることができたのだ。最後のシーンは、猫の家を取り囲む広漠とした草原に咲く草花という風景が描かれている。大自然のなかに静かに帰ってゆく「死」。これは日本古来の日本人の死生観を語ろうとしているのか。愛する者の死は悲しい。しかし死は自然への回帰である。春夏秋冬・四季折々の自然のリズムと異ならない、日常かつ平凡な出来事以外のなにものでもない。

たくさん生まれた子猫たちの生、これに対し愛する白猫の死――大自然の運行変化、宇宙のリズムに組み込まれている生と死の無限交代。生あるものにとり、すべての〈いのち〉はリレーされ循環する。親の〈いのち〉は子に継承され永遠の生命として生き続ける。多くの女子学生がこの絵本に強い共感を示したのは、自然回帰という日本的なものへの親しみではない。他者との結びつきに生じる深い喜び、これを失ったことに生じる深い悲しみ――ここにこそ、生の真実があるという発見であり共感だった。女性は子を産み育てる主体としての本能においても、男性以上に他者の生と死により深く関わる存在者として生きている。最優秀を与えた彼女ら幾人かの答案を整理してみると次のようになる。

絶対死ぬことがない「不死」という特殊な能力をもつとともに、多くの飼い主、女性たちに愛されたねこであったが、しかしそれは彼の心を満足させるものではなかった。愛されることはあっても誰かを愛したことのないねこは、初めて愛する相手に出会ったことで、深い満足を得た。このねこは本当に「生きた」という実感がないため、死ぬことができなかった。初めて愛を知った時、ねこは生きることの真実を知り、その喜びと悲しみの中で、生物の宿命である「死」を素直《すなお》に受け入れることができたのだ。このねこのように人間もまた、誰かを心から愛し、愛されるという関係をつくり出す努力、世界と深く結びつく何らかの「つながり」を作っていく営みが求められる。以前のねこのような不死、すなわち長くさえ生きれば、そこに幸せがあるということには必ずしもならない。世界の中で他者と「いのち」を共有し、「いのち」

の結びつきを大切に育《はぐく》んでいくところに「生」の真実、「生」の歓《よろこ》びがあり、受容すべき「死」の姿も見えてくる。

一三八億年前とされる宇宙の誕生から一〇〇億年後、今から四〇～三八億年前の地球に誕生したのが「いのち」という奇跡である。「いのち」のリレーが四〇億年の長きにわたって現在まで続いて来たことで、われわれの「生」がこの世に存在している。このような視点に立つとき、死んだメスねことの間に産まれた子どもたちという、後世に「いのち」をつないでくれる存在を得たこともあって、このねこはようやく、「死」を安心して受け入れることができた。「いのち」は子どもという形だけでリレーされるものではない。社会との日々の「つながり」の中で発揮される愛と情熱、たゆまぬ努力で取り組んだ何らかの活動・仕事・作品、あるいは苦楽を分かち合った周囲の人たちとの心の交流、これらはその人間がこの世から去ったのちも消えていくことはない。それは「いのち」あるものとして後世に引き継がれ、永く生き続ける。このような「いのち」に生きた人間だけが、真に「不死」の名にふさわしい存在となりうる。あとで取り上げる黒澤明の映画『生きる』の主人公がまさにこれに当たるだろう。

前述のように、終末期医療の世界的ベストセラー、エリザベス・キューブラー＝ロス『死ぬ瞬間』（一九七一年）は死に直面することになった人間の心の変化を「五段階のプロセス」に分類した。①否認「何かのまちがいだ」「認めない」強烈な拒否反応と自閉②怒り「なぜ自分が死ぬのか」「どうしてあの人じゃなくて俺なのか」③取り引き「○○をするので少し待って」何かと引き替えに医師や神仏に願う④抑鬱「どうせ死ぬんだ」「何をやってもダメだ」という悲観と絶望⑤受容「しかたがない」。最後は死を運命として覚悟し静かに受け止め、受容する境地に至るというのだ。最後の「受容」は、死を「別れ」や「あきらめ」と理解する日本人の死生観に近づく。

『100万回生きたねこ』の作者・佐野洋子が、自身の死生観として語るのはこの「受容」である。ガンで入院した友人が「死にたくない、死にたくない」と取り乱し泣いたのを見て「あんな死に方はみっともない」と語った佐野の父親は、五一歳で死んだ。死の直前、佐野ら四人の子どもを枕辺に呼び、一人一人を長い間じーっと見た。子どもたちがその視線にたえきれず下を向いているとやがて「静かに、何も言わずに死んだ」。ガンで入院した友人の女優・岸田今日子は最後まで「全然動揺していなくて、静かに寝ていて、行くとニコニコ笑って、そのまんま亡くなったのね」。佐野は彼らの落ち着いた静かな死に方を「立派だった」とした（前掲、『死ぬ気まんまん』）。

死に際しての「否認」や「怒り」「取引」の態度などは、日本人にはあまりあてはまらない。「抑鬱」か「受容」のどちらかだ。佐野の死生観や父親の最期に見るのは、「受容」に代表される日本古来の死生観で、どちらかと言えばそれは男性的な死生観と言えるだろう。

男性的、あるいは女性的死生観

大学の定期試験では毎年、学生たちに自身が考え、あるいは直面した〈死〉の体験について記述してもらっている。試験後の問題解説であまりできのよくない解答例として、自らの体験を書いた次のような文章を学生たちに配布したことがある。

私は死を身近に感じたことが二度ある。一度目は小学生の頃、近所の大きな川で水遊びしていた時、深みに足をとられて流された。恐怖と絶望で全身が硬直した。深みに沈みかけた時、二歳上の兄が岸に引き上げてくれた。兄はきわめて無口で、性格も正反対・けっして仲の良い兄弟とはいえなかった。二〇歳で不幸な事故であっけなく死んだ。

二度目は大学卒業後、ある地方都市で働いていた時のことだった。ある朝、事務所のストーブ用にいつものガソリンスタンドに寄りポリタンクで「灯油」を買った。車の助手席床にポリタンクを置き、仕事で走り回った。油臭がきつく、目もチカチカしたが、冬だったので窓を開けず我慢した。夕方、高層マンションの九階にあった事務所に戻るとさっそく同僚がポリタンクからストーブに給油を始めた。そのとたん、なぜか、ストーブ全体にわっと火が回った。室内にあった紙類に火が付きメラメラと炎が上がった。壁やカーテン、天井まで燃え飛んだのもある。書類書きに没頭していた私を除く全員があわてて火を消しまくった。茫然とこれを眺めていたとき、ふと横を見ると、ポリタンクの口から透き通った青い炎がかすかなポーッという音とともに一〇㎝ほど立っている。脚輪《キャスター》付きのイスを滑らし座ったまま右足を伸ばし、履いていたスリッパでふたをした。灯油と思っていたものは、ガソリンだった。青い炎はガソリンが気化したものに火が引火しかける直前の状態だったのだろう。ガソリンスタンドに戻って激しく抗議すると、灯油の注文をガソリンと聞き間違えてしまったとのことだった。顔見知りの仲ということもあり、それ以上の追及はしなかった。

ただもしあの日、私が車の中でタバコに火をつけるか、あるいは立ち上がる青い炎に気づかずスリッパでふたをするのが一瞬遅れたらガソリンに引火爆発し、車は燃え、マンションは猛火に包まれるという大惨事となったことはまちがいない。間一髪で助かったという幸運の思いは、数十年を経たいまでも、それはまったくない。それよりも、大きな不幸と悲劇、多くの他者を死なせた加害者として自らの死を迎えていたかもしれないという恐ろしさが先に立つ。私にとって〈死〉とは、川の流れの中で溺れかけ、大量の水を飲み、激しいパニック状態に陥ったとき私を襲った恐怖や絶望ではない。黄色く薄汚れたポリタンクの上に静かにスーッと立った、透明で不思議な美しさをもつあの青い炎である。生と死とは紙一重、どちらに転んでも同じで大差はない。あの日の体験以来胸に去来するのが、戦前に大ヒットした流行歌『明治一代女』の一節「怨みますまいこの世の事は、仕掛け花火に似た命。みんなはかない水の泡沫《あわ》」である。

体験と感傷、戯れ句をないまぜにした私の死生観は、死を「あきらめ」概念で理解する日本的死生観の伝統の上にあるとはいえ、とくに女子学生たちにはきわめて不評で共感を得ることはできなかった。

『100万回生きたねこ』とともに講義で女子学生の共感を得たのが、難病と闘って死んだ少女の日記・木藤亜也『1リットルの涙』（一九八六年）である。これも二〇〇万部を超えるベストセラーで映画化（二〇〇五年）に続き、テレビドラマでも放映（二〇〇五年・二〇〇七年）された。テレビでは当時若者に絶大の人気を誇った若手女優が主演し挿入歌『粉雪』が大ヒットしたこともあり、男女とも大半の学生が知っていた。この本は、私の友人の編集者（故人）が企画・取材して世に出したものだった。

著者は一五歳のとき、全身の運動機能が喪失する難病〈脊髄小脳変性症〉を発病し、最後は手足が自由にならないまま寝たきりの状態で二五歳の若さで亡くなった。日記は「私は何のために生きているの？」という問いで満ちている。「わたしの生きがいっていったい何だろう。生きてていいのか？　わたしのような醜い者が、この世に生きていてもよいのでしょうか。死ぬことばかり考えてこわいです。動けん、人の役にたつこともできん。でも生きていたいんです。わたしは何のために生きているのだろうか。でも今を懸命に生きるしかないのだ。将来を想像すると、また別の涙が流れる」

ものにつかまっても立つことができなかった著者は、トイレまで這って行った。後ろに人の気配がする。止まってふり向いた。すると同じ格好で這っている母親がいた。何も言わずに、床にポタポタ涙を落としながら。これを見て抑えていた感情がいっきに吹き出し、大声で泣いた。著者は日記の最後で「ア・リ・ガ・ト（ありがとう）」と書いて死んだ。日記の内容を詳しく紹介し、試験に出した。「私は何のために生きているの？」と悲しい問いを発した著者にあなたはどのような言葉をかけることができるのか、と。

〈いのち〉の共有

予想通り、母娘《おやこ》の愛情を肌身で知る女子学生には優れた答案が多かった。ある学生は、講義で紹介したモンテーニュの「生きることの有益さは、その長さにあるのではなく、その用い方にある。長生きはしたが、ほとんど生きなかった者もいる」を引用して答えた。「いのちの価値は単に寿命の長短だけで決まるものではない。亜也さん（著者）は若くして亡くなったが、看病する母親らによる溢れるような愛情のなかで生きた。亜也さんが一生懸命生きているという、ただそれだけのことでも母親や周囲の人たちには大きな喜びとなった。ア・リ・ガ・トという感謝の言葉は、彼女が不幸のなかで死んでいったのではないことを語っている」。他者との関係性のなかに生き、死んでいく存在者としての人間という立場を語る立派な答案だった。

学生の多くは著者が絶望とともに発した問いに自信をもって答えられないとしながらも、明日が見えない不治の病のなかで生の意味を問い続け、必死に生きた著者の気持ちに寄り添おうとした。青春の楽しかるべき日々とは裏腹に、迫り来る死への絶望、これを深く悲しむ母親らの愛。この二つのかけがえのない「いのち」と「いのち」の深い結びつきとその貴重さを指摘する答案が少なくなかった。看護学部の女子学生は「この母娘のようないのちの深い結びつきを一度も体験することなく、死にゆく人もけっして少なくないことを思えば、著者の生涯は短かったが、人間としては必ずしも不幸ではなかったのではないか」「母親や医師・看護師らとの間で強く結ばれた愛、病気に負けず懸命に生きようとたゆまぬ努力をしたこと、このことは人間がこの世から去っても消えていくことはない。死後も伝えられ永く生き続ける。亜也さんはそれを証明した」と書いた。

個の存在消滅を当然とし受容しようとする日本古来の、あっさりした男性的な死生観は、わたし個人的には望ましいと考える。一方で女子学生の多くは、あっさりした「あきらめ」の境地や「みんなはかない水の泡沫」と自己憐憫に耽る男たちより、はるかに確かな死生観をもっているように見える。今日の超長寿化社会「人生一〇〇年時代」にふさわしい死生観があるとすれば、自らの生と死を、他者との関わりの中で考える死生観、相互関係的な死生観というものが求められるだろう。

人間は、とくに老いた人間は、死後の後始末を含め、一個人の力ではどうすることもできなくなる。自立した自己責任における死は、褒められるとはいえ、誰でも可能というわけにはいかないだろう。時代が求めるのは、自分一人で完結する男性的な死生観ではない。他者との関係性を大前提に、かけがえのない〈いのち〉を一生懸命に生き、他者の〈いのち〉との出会いを大切に思う、いわば女性的な死生観である。

Ⅱ　戦後日本「企業社会」がもたらしたもの

1　戦後の日本社会

現代社会の窮屈さ、生きづらさ

日本政府は二〇一八年六月、「人生一〇〇年時代構想会議」（議長・安倍晋三首相）で、長寿社会・少子高齢化社会を大前提に「人づくり革命」基本構想を決定した。高齢者に関しては、「人生一〇〇年時代」を充実させるため、再雇用の促進をはじめ、「生涯現役」で働ける場の確保などをあげている。仕事する老人を称賛する「生涯現役」や政府が提唱する「一億総活躍社会」「生涯現役社会の実現」といった言葉、あるいは人間に対し経済用語「生産性」を平気で使うようになった世相にも見られるように、政府に後押しされるまでもなく日本人の心には老後も元気で動き、稼ぎ、仕事することを求め、これを当然とする戦後日本特有のビジネス文明的世界観、「会社社会」的価値観が深く抜きがたいまでに染み込んでいる。

かつての「会社人間」「企業戦士」「モーレツ社員」あるいは会社の家畜を意味する「社畜」を経て近年は、過重労働に伴う「過労死」「過労自殺」が大きな社会問題化となっている。正規・非正規社員を問わず、全人格が労働に絡めとられる「全人格労働」も出現している。戦後日本の国民は、キリスト教伝道者パウロが語った言葉「働こうとしない者は、食べることもしてはならない」（新約聖書「テサロニケ書」3-10）――「働かざる者食うべからず」――を疑うことなく忠実に実践した。これこそが国民総生産（GNP）を世界第二位まで押し上げ、アメリカと並ぶ「経済大国」の動力だった。しかし人生の一部、手段でしかない賃金「労働」を最高の価値に位置づけ、生活を豊かにすべき「労働」が心身を回復不能まで疲弊させ人格を破壊するという顛倒《てんどう》、不条理は看過されるべきでない。

一方で日本社会に見切りをつけ、老後にフィリピンや東南アジアなどの非先進国・貧困国にあえて移住する「脱出老人」も少なくないとされる（前出の水谷竹秀『脱出老人』、瀬川正仁『老いて男はアジアをめざす』など）。老いてなお「生きがい」や「生涯現役」「一億総活躍」「働き方改革」「生産性」など、つねに「動き・働き・稼ぐ」ことを求め、強いる戦後日本のビジネス社会の窮屈さ、息苦しさからの脱出である。

老人たちは現地の若い娘に騙され全財産を巻き上げられ、一文無しの貧乏生活を余儀なくされても、定年で会社を辞めた後は何もすることがなく自宅に閉じこもり、周囲と触れ合い交流機会もなく、テレビを観ることしかない日本より「居場所がある」「居心地がいい」と言ってそのまま住み続ける。独居老人に多い「孤立死」「無縁死」や生活保護基準相当で暮らす高齢者およびその恐れがある高齢者を指す「下流老人」の急増など、高齢者にとって現代日本は必ずしも住み心地のいい社会とは言えない。日本は明治以降、「近代化」の名のもとに多くのものを「使い捨て」にしてきた。その一つに高齢者がいる。ここで高齢者は尊敬される存在ではなくなった。「時代遅れのお荷物」でしかない。

日本の「近代」＝経済社会・競争社会は、働く人々に「常に強い緊張」を強いる。とくに「過剰適応してしまうタイプの人には、日本社会は息苦しく感じる場面が多い」。近代化という波に押し流され「何かに急き立てられるようにあくせく暮らしている自分の人生がなにかとても空虚なものに感じられる」。日本の高齢者たちは、人々が「自然と共に自然の一部として生きている」タイやカンボジアなどにあこがれて移住する。高度に資本主義化された日本の「近代」社会は、国民に「競い合う」ことばかり教えてきた「競い合う文明社会」であって、大人も子どもたちも他者に心を開こうとしない。

> 東京に帰ってくる度に体験するのは、都会において静かに進行しつつある、ある種の死の感覚だ。往来は低く無機質な車の走行音に満ち、雑踏は人で溢れているにもかかわらず、そこには「生命の気配」をほとんど関知できない。生命が発する音やにおいが希薄なのだ。
>
> （前掲、瀬川正仁『老いて男はアジアをめざす』）

老いてアジアを目指す日本の高齢者は、全体から見ればごく例外的な特殊なケースではあるだろう。しかし彼らが、日本の高齢者とくに男たちが置かれている現実の一端を示す存在であることはまちがいない。Ⅲ－1「西洋近代の〈毒〉と〈闇〉」で示すように、彼らは日本の「近代化」＝西洋化がもたらした〈毒〉と〈闇〉からの脱出者と見るべきだろう。ゲーテが一八二八年三月一二日にエッカーマンに語った言葉は、彼らの気持ちを代弁するものだ。「われわれ年とったヨーロッパ人は、多かれ少なかれ、何につけても恵まれていないな。われわれの状態は、あまりにも人工的で複雑すぎるよ。われわれの食物や生活方法は、ほんとうの意味で自然さがないし、われわれの人間付き合いには、まことの愛情も善意もない始末だ。猫も杓子も垢抜けして、てい重だが、だれ一人として、勇気をもって、温かみと誠実さを表そうともしない。だから、素朴な性分や心情をもった正直な人は、じつにまずい立場に置かれている。たった一度でいいから、嘘いつわりのない人間らしい生活を純粋に味わうために、南洋の島あたりのいわゆる野蛮人にでも生れてみたい気がすることがよくあるね」（エッカーマン『ゲーテとの対話』山下肇訳、岩波文庫、一九六九年）

内に向かう力学「会社人間」

政策的・制度的にも「長寿化社会」と「人生一〇〇年時代」あるいは西欧的な「成熟社会」

化に適合する現実的な高齢者対策・社会システムを構築していくことは当然だが、個々の高齢者の私的領域においてはとくに、老年期にふさわしい生き方や哲学が求められているのは疑いを入れない。とりわけ老いた人間が仕事以外で、純粋に「生きる」こと自体を楽しみ、毎日ヒマを持て余し単にただ「死に向かう存在」としてではなく、残りの生を燃焼させ充実させる生き方・哲学はどのようなものであるべきかということが問われる。それにはまず、現代の日本社会がどのようなものであるかを理解する必要がある。

太平洋戦争末期の一九四五年八月一〇日、フィリピン・レイテ島で米軍の捕虜となっていた作家の大岡昇平（一九〇九—八八）は、収容所で日本の敗戦（ポツダム宣言受諾）を聞いた。「祖国は敗けてしまったのだ。偉大であった明治の先人達の仕事を、三代目が台無しにしてしまった」。怒りがこみ上げてくるのを抑えることができなかった。「歴史に暗い私は文化の繁栄は国家のそれに随伴すると思っている。あの狂人共がもういない日本ではすべてが合理的に、望めれば民主的に行われるだろうが、我々は何事につけ、小さく小さくなるであろう。偉大、豪壮、崇高等の形容詞は我々とは縁がなくなるであろう」（「八月一〇日」『文学界』一九五〇年三月号）。軍隊に招集されたとき、生きては帰れぬと覚悟した。愚かな軍人たちに率いられた日本に、勝利はないものと信じていたからだ。敗けた日本は生き永らえるに値しないと考えていた。しかし収容所で敗戦を聞いたとき、涙が両目から溢れ出た。頬を伝う涙を拭うこともせず落ちるに任せ、敗戦後の祖国日本の行く末を想った。そして、戦後の日本は「何事につけ、小さく小さくなるであろう」と想像した。

ところが現実は大岡の予想を大きく裏切る。戦後日本の国力と人口は拡大と膨張をつづけた。「崇高」や「偉大、豪壮」はともかく、アメリカに次ぐ世界第二位の巨大な「経済大国」が誕生し世界を驚かせた。大岡の予言は幸か不幸か、はずれだったと思われた。しかし半世紀を経てみごとに的中する。二〇〇八年をピークとする極端な人口減少による日本の縮小化傾向「何事につけ、小さく小さくなるであろう」が現実化しつつある。

日仏会館フランス学長を務めたこともあるフランスの地理学者オギュスタン・ベルクは、日本には「内部に向う展開というものがあって、その論理が日本のあらゆる空間性に刻印を残している」と語る。日本という国は大きく拡大する方向へと向かうことはない。つねに内側へと小さくまとまろうとするというのだ。韓国の初代文化大臣を務めたこともある李御寧『「縮み」志向の日本人』（一九八二年）はこれを「縮み」志向と端的に表現した。ベルクは言う。「日本は潜在的な領域拡大能力を内部に向う力学にもとづいて発揮させてきたように思われる。技術を駆使して、より広大な空間を利用できたにもかかわらず、一般に集約が拡大を凌駕したのだ。同様に徳川時代の前夜には、海洋帝国となる潜在的な手段を備えていたのに、日本は陸上の国として留まるという歴史的な選択を行なったのである」（『風土の日本――自然と文化の通態』篠田勝英訳、筑摩書房、一九八八年）。世界の海を航海・冒険するといった「海洋国家」論など現在はともかく過去の日本においては成立の余地などない。せいぜい「沿岸国家」

あるいは「海岸国家」というのが正しいだろう。

日本の「内部に向う力学」が、いわゆる鎖国という「内向きの外交」に現実化し、その結果国内外の戦争に終止符を打ち、平和な江戸時代を出現させた。一方、戦後日本の「会社国家」あるいは「企業社会」は、内向きに小さくまとまった江戸時代に端を発すると日本経営史研究の中川敬一郎・東京大学名誉教授はこう指摘する。戦後日本の「会社人間」は江戸時代の兵農分離から始まる。兵農分離を機に過剰なまでに会社に従属し依存する「会社人間」を作り出すシステムが形成された。国民総生産（GNP）世界二位という経済発展に湧き、右肩上がりの高度成長期を駆け上がった一九七〇年前後から、日本のサラリーマンが総「会社人間」化してしまった。この結果、デモクラシーの基礎となる「健全な市民意識」は形成されず、「自由な市民社会の政治」の存在もない。

市民社会の形成に失敗

中川敬一郎の見るところでは、戦後日本に「市民社会」が形成されないのは「会社主義」に原因があった。「日本の場合、産業社会の組織化がまちがった方向に推し進められると、それこそ市民的自由の息の根が止められる可能性がある。すなわち一般的にいって、企業が大規模化し、その社会性が拡大するにつれて、企業をめぐる利害集団の調節が重要な課題となってくるが、しかしそのなかでも企業にとってもっとも重要な日常的関心事は企業とその従業員との間の関係であり、その安定化を図るために、企業は従業員に対する福利施設を拡大することによって、従業員の生活を二四時間企業の内にとり込もうとする」「ともかくそうしたメトロ・コーポレーションの拡大とともに、勤労階級の会社意識はますます強まり、市民意識はますます弱まっていく。そしてそれは当然に自由企業体制の基盤である市民的社会秩序の崩壊に導くものであり、現代の大企業は自ら墓穴を掘っているといってよいであろう」

そして中川はこう結論する。「かくて会社員はますます肥大し、市民はますます衰弱する。健全な市民意識のないところに、自由な市民社会の政治はありえない。日本の政治がいつまでも立ち遅れているのは、そうしたメトロ・コーポレーション体制、俗にいえば会社主義のせいではないであろうか」(中川敬一郎・由井常彦編『経営哲学・経営理念(昭和編)』財界人思想全集第二巻、ダイヤモンド社、一九七〇年)

日本特有の「会社主義」において、「企業は小国家のようになり、その外部の市民社会に対してまったく関心を失い、市民意識が崩壊する」。他国から「日本株式会社」と揶揄される戦後日本社会の「メトロ・コーポレーション体制」、すなわち「会社主義」一色に染め上げられた一億総サラリーマン化の形成過程を、中川はつぎのように分析している。日本的経営の特質として指摘される「終身雇用制」「稟議制度」「日本株式会社」など、それは「統合力」＝「まとまりの良さ」の作用の産物である。これを可能にした条件の一つは、国民文化の同質性とともに、狭い国土が産業革命前に全国的な交通・通信網で結びつけられたことにある。このことが日本の企業者に全国的視野をもたせた。その結果、日本の企業者活動が早くから反「地域中心主義」的、「全国指向的」（nation bound）なものとなったことが、日本の経済活動を全体的に「まとまり」のよいものに導いた要因である。

中川の主張を整理しよう。武士を〈土地〉から切り離して城下＝都会に集住させるという徳川時代の兵農分離政策が労働者の都市集中を生じさせた。その結果、日本社会に「地域中心主義」（parochialism）を作らせなかった。同時に、武士をサラリーマン化させ、その自律心を奪う結果をもたらした。ここに今日の社会全体を覆うに至った「会社主義」「メトロ・コーポレーション体制」の淵源がある。近代日本の産業社会が「統合性」を著しく高めた結果、「地域中心主義」の成立は阻害されてしまった。日本社会が中央集中化して会社主義、企業国家の様相を帯び、健全な市民社会は形成されることはなかった。日本人はその私生活においても「会社」に呪縛され、「会社」がすべてである。日本人が市民として自立していないのは、「会社」に対する過剰依存に原因がある。

一九六〇年前後に渡米した中川が強い印象を受けたのは、会社と個人の生活とを峻別するというアメリカ人の態度であった。彼らは日本の「会社人間」たちとは違って、個人の生活においては会社に従属も依存もしない「一個の個人」として自立していた。「私はもう十年も前、ニューヨークのある企業の業務部長A氏の家に泊めてもらった。翌日は日曜日であり、私はその家の家族とともに近くの教会のモーニング・サービスに招待された。牧師の説教が終わったあと、聴衆の中から一人の中年の男が前に出てバイブルについての講義をはじめた。A氏は最前列の席につき、熱心に耳をかたむけ、さかんにノートをとっていた。あとで、あれはだれか、と尋ねると、近くに住んでいる私の会社の倉庫係長だ、と答えた。私はその瞬間、ああやはり市民社会があるな、と感じた。少なくとも、A氏の態度の中に、講義をしているのが彼の会社の部下である、という感じはまったくなかった。つまり会社における二人の関係とはまったく別個に地域社会（コミュニティ）における一人の市民と一人の市民との関係が成り立っているのである。日本の場合にはおそらくそうはいかないであろう。会社における上司と部下は家庭に帰ってもやはり上司と部下なのであり、一人の市民としてまったく対等に交際することは容易でないはずである。つまり日本の社会には市民的社会秩序の基盤であるコミュニティが存在しないのであり、豊かな市民生活がないところから人びとはますます会社員にならざるをえない、といってよいであろう」（『経営哲学・経営理念（昭和編）』）

二一世紀の今日でも、日本でこうした場面を見ることも想像することもできない。会社の上司は、会社を離れた市民生活の場でも、部下に対し、米国のA氏の態度をとることはけっしてないと断言できる。「会社社会」「サラリーマン社会」を戦後日本は自明のこととし、それに合わせた社会を作り、町作りをしてきた。戦前はともかく、今日の日本社会には、「会社」というその職場以外には〝コミュニティ〟というものがほとんど存在しない。そのかけらすらもない。サラリーマンが定年退職し、あるいはリストラされて会社を離れ、会社も肩書きもない一人の個人として社会に足を踏み出した途端、「終わった人」と化し、愕然とし、初めてこのことを切実に実感するという仕組みになっている。

戦後日本には「市民意識」も「市民社会」もまだ形成されていない。一九七〇年に中川はこう指摘したが、今日の日本社会を見ても、事態は当時とほとんど変わっていない。戦後日本の「会社主義」の出現、組織へ過剰依存する「会社員」の増大、これによって生じたものが「市民社会」の形成失敗と「健全な市民意識」の欠如であることは疑う余地がない。

2　会社人間の不幸と悲劇

集団化を好む「個人主義」

ふつう一般に、日本社会・日本人は「集団主義」的であると語られることが多い。しかし三島由紀夫らとともに何度かノーベル賞候補に挙げられた国際的作家・安部公房（一九二四―九三）の見方は大きく異なる。一九二五年に一歳で渡満し、幼少期を中国・満州（奉天）で過ごし敗戦で一六歳のとき帰国した。日本とは風土・文化がまったく異なる満州で暮らしたことで「物を外から見る、相対化する」習性、「日本を外から相対化して見る習慣」ができた。安部は日本人の精神の奥底には悪しき「個人主義」があるのを見る。中国人との比較で、日本人の連帯感は希薄で、日本人は基本的には「個人主義者」である。その元凶こそが「武士の文化」だと安部は次のように言っている。

日本人の特徴は集団主義ではなく「個人主義」にある。「江戸時代に作られた文化的な洗練が想像以上に高くて、もう民族的な像を結ぶのが非常に困難になっている」。日本において、「個」が確立され過ぎているというのは、武士の文化によって個人相互が冷ややかで、「個」が一定の距離を保持していたのに原因がある。日本人は本来バラバラで、滅多に人と共同できない。日本人は個としては「孤独」である。その反動として群衆となったとき、異常に群集心理が出る。日本人はもともとはじかれた「孤独」を強く意識して生きているため、はじかれるのが怖いので集団的に行動したがる。武士文化は日本人に「悪しき個人主義」を植えつけた元凶である（安部公房／ドナルド・キーン『反劇的人間』中公新書、一九七三年）。

武士は、敵と戦って勝つことを目的とする。俸給は藩主から与えられるため他人に頼ったり、協力を仰いだりする必要もない。一家は一家として他とは無関係に生計を営んでいる。武士にあっては「独立独断」が生活の基本姿勢である。日本人の個人主義は武士文化や武士と共存関係にあった禅仏教などの宗教的個人主義のもとで醸成されてきた。近代の夜明けに東洋にあって唯一、日本が西洋文化の急速な輸入に成功した背景にあったのは、日本には他のアジア諸国以上に、西洋類似の「個人主義」が存在していたことに関係があるのだろう。

たとえば数年前のことになるが、愛知大学のB教授らと韓国・ソウルの下町で夕食の料理店を探していたとき、国際基督教大のK教授と路上でばったり遭遇した。教授はこれを大いに喜んで言った。「ああ、よかった。これで一人で食事しなくてすむ」。何度も韓国に来ている韓国通のK教授によると、韓国では、食事は二人以上でするのがふつうで、一人での食事はよほどの嫌われ者か、変わり者と見なされると言い、これが嫌で一人での食事は避けたかったのだと。東大で理学博士号を取得し法政大学で教鞭をとる朴倧玄『韓国人を愛せますか?』(講談社、二〇〇八年)を読むと、K教授の話を裏付けることが次のように書いてある。

食事の際、韓国人が二人以上を基本とするのに対し、日本人は一人での食事を好む。その理由は韓国とのビジネス習性のちがいによる。日本人は会社では仕事にだけ没頭し、極力プライバシーを排除する。まるで「出兵する兵士」のような気分で緊張しながらビジネスをし、同僚やお客に接している。だから、息抜きの時間が必要で、誰にも邪魔されたくない一人の時間を大事にする。食事の時ぐらい一人でリラックスしたいのだ。「緊張した人間関係」に由来する日本人の「一人遊び好き」に対し、韓国人は「緊張しない人間関係」に伴う「友達遊び好き」である。日本では「武士」が支配階級となり尊重されるのに対し、他方、韓国ではソンビという学問を追究する人々が支配層となり「文士」が代々尊敬されてきた。日本の「緊張社会」は日本が長い間、サムライ国家であったことに原因している。互いにスキを見せないように緊張して仕事をしている。このため、食事の時ぐらいは職場の仲間から離れてリラックスしたいから、韓国とは異なって日本人は一人での食事を好むのだという。

そういえば、高度経済成長期のまっただなかの一九八二年、大ヒットした日本歌唱大賞曲『聖母たちのララバイ』（作詞・山川啓介）で岩崎宏美は歌った「この都会《まち》は戦場だから／男はみんな傷を負った戦士」と。日本のサラリーマンはいまでも「出兵する兵士」のように、みな厳粛な面持ちで朝、会社に出勤する。東アジア世界における日本の顕著な特徴は、神話時代からサムライ的なものが社会を支配しているところにある。

記紀には「斬る」「殺す」「刀」「血」などの単語が頻出する。イザナギとイザナミは、天《あめ》の浮き橋に立って「天《あめ》の沼矛《ぬほこ》」という玉飾りのある矛《ほこ》（槍に似た武器）を海の中でかき回し、大地と日本列島の島々をつくった。矛は祭具用のものであったとしても、まぎれもなく武器の一種にほかならない。国土の創造（国生み神話）が武器を使って行われた。

国生みの神イザナギが十拳劔《とつかのつるぎ》（十握劔）でわが子を斬り殺すと劔からしたたる血から新たな神々が次々に誕生した。夫の仲哀天皇とともに熊襲征服に行った神功皇后は、天皇が急死すると胎内に応神天皇を宿したまま新羅征伐に向かう。大きなお腹を抱えた妊婦が、夫に代わって戦闘の指揮をとるのである。古代いらい、日本には尚武の精神、武力崇拝、尊武の社会的傾向があって、それは今も続いている。

明治初期、一八七五年に出版された島郁泰『立会就産考・上』によれば、武士（士族）の性格は互いに協力し結合することを嫌い、互いに「対敵勝敗を争競」して「他に依り他に結びて協力するを欲せず」「必ずや独立独断、非常の利益を得て他に誇らんと欲する」傾向があるという。日本人の個人主義的傾向は、平安・鎌倉時代の中世から戦前の大日本帝国まで続いた武士的精神に淵源する。日本人は、俗に言われているような集団主義的な民族ではない。そうではなく、個人主義的であるがゆえの孤独感、寂しさから逃れるべくとかく集団の中へと入りたがる。その現実化が会社への過剰埋没、いわば「一社懸命」の会社人間を生み出した。

労働による束縛

あたかも「働かざる者食うべからず」を金科玉条として、戦後の日本人は生活し仕事をしてきた。この言葉に加え「生きがいとしての労働（仕事）」というのが、日本人の基本的な労働観だろう。戦後日本はどこまでも会社が中心の「会社社会」「企業社会」を形成してきた。

経済優先で利益に走る経済体制の運営―維持に傾斜した日本社会を揶揄し「日本株式会社」という言葉が使われたこともある。あるいは一九七〇年前後、世界で評判になった日本人＝「economic animal《エコノミック・アニマル》」という言葉は経済的利益を追い求める動物という、国際社会における日本人の打算的―利己的な態度への強烈な皮肉だった。「会社人間・企業戦士・モーレツ社員」という言葉も一時期流行した。会社への忠誠心が異常に高い。企業の利益に貢献する。会社が生活のすべてである。自らや家庭などを犠牲にすることも厭わない。こういった会社・仕事一途で他に趣味などもない会社人間を指す言葉は、高度経済成長期にとくに使われた。「会社＋家畜」から来た造語で会社に飼い慣らされてしまい良心を放棄し奴隷と化したサラリーマンを揶揄した「社畜」という言葉も流行した。

近年は、「全人格労働」という言葉がこれらに代わった。アメリカ発の新自由主義（市場原理主義・経済効率優先主義）のもと、不況下のリストラ推進による不安感や成果主義・長時間労働やサービス残業などにより、労働者の全人生や全人格が「労働」に絡めとられた。結果、精神を病む人が増加しているという。ある女性会社員は、大学を卒業後、数十倍の倍率を突破して入社した大手印刷会社で深夜まで残業し、会社と自宅を往復する毎日で仕事に没頭した。「十年間、馬車馬のように働いた。ある日、朝起きたら顔の神経が麻痺していた。目が開きっぱなしで鬼のような形相。しゃべろうとしても声が出ない。水も飲めない。ごはんも食べられない。病院でストレスと過労が原因だろうと言われ、一カ月入院した。それを皮切りに、次々と病気になった」（『AERA』二〇一六年二月一五日号）。人生の一部、手段であるはずの「労働」が人間性を破壊する。あるいは仕事に「役に立たない」として「無用」者の烙印が押され、激しい自己否定＝自己嫌悪に襲われるという倒錯。戦後日本の風景は、依然として「会社社会」のままであってまったく変化がない。

こうした「会社社会」あるいは労働至上主義の悪弊として世間の注目を集めた社会的事件が、世界的大企業の広告会社「電通」の東大卒新入社員の自殺だった。女性社員（当時二四歳）は、長時間の過重労働（残業月一〇五時間）が原因で飛び降り自殺した（二〇一五年一二月）。この自殺は、大きく報道され国会で取り上げられるなど社会問題化した。当時、社員に長時間労働を強いるものとして批判の対象となったひとつが、第四代社長・吉田秀雄が社員用に一九五一年に書き上げた社訓「鬼十則」だった。女性社員の自殺後、電通はこれを自殺の一因として社員手帳から削除した。

電通の「鬼十則」は以前から広く知られており、これに感動した社長が社員に朝礼や社員総会などで復唱させる会社もあり、絶賛本が何冊も出版されるほどだった。良くも悪くもここには戦後日本のサラリーマンに求められる価値観・仕事観が凝縮されている。日本社会で成功する「会社人間」のエートス（心的態度）、あるいはパトス（情念・情熱）を示すものと言ってもいい。

電通「鬼十則」

1　仕事は自ら「創る」べきで、与えられるべきでない。
2　仕事とは、先手先手と「働き掛けて」行くことで、受け身でやるものではない。
3　大きな仕事と取り組め、小さな仕事はおのれを小さくする。
4　「難しい仕事」を狙え、そしてこれを成し遂げるところに進歩がある。
5　取り組んだら「放すな」、殺されても放すな、目的完遂までは……。
6　周囲を「引きずり回せ」、引きずるのと引きずられるのとでは、永い間に天地のひらきができる。

7　「計画」を持て、長期の計画を持っていれば、忍耐と工夫と、そして正しい努力と希望が生まれる。

8　「自信」を持て、自信がないから君の仕事には、迫力も粘りも、そして厚味すらがない。

9　頭は常に「全回転」、八方に気を配って、一部の隙もあってはならぬ、サービスとはそのようなものだ。

10　「摩擦を恐れるな」、摩擦は進歩の母、積極の肥料だ、でないと君は卑屈未練になる。

内容的にはとりわけ問題はない。良いことも言っている。社員手帳からこれを削除することについては、社外から反対の意見も出たといわれる。ただここで鼓吹された精神のエネルギーが一直線に仕事、それもわが会社の仕事に限定的に結び付けられていくところに問題がある。日本社会の現状では仕事熱心な会社人間か自己陶酔する出世願望の人間しか、ここには生まれないだろう。

地上的な成功への過剰評価

日本の「会社社会」、労働至上主義の社会では、会社以外の世界においても、会社名や肩書が重視され、それが日本人の依って立つ自信や自尊心の最大基盤をなす。日本の有給休暇取得率は世界最下位レベルにあると言われることがある。実際、有給休暇については、日本人は

「罪悪感」を感じることもあると言い、同時に、有給休暇をとることによって「仕事への意欲がない」ダメ社員と評価されることへの不安と怖さをそこに見ることも可能だ。近代社会の基本傾向は、こうした日本の会社社会に見るように、「いかに生きたか」という存在価値ではない。「どこの大学・どこの会社に入ったか」「何を成したか」「どれだけ偉くなったか」「いくら稼いだか」という評価価値・業績価値の尊重にある。この世界では、評価・業績価値の人間類型human doingが、つねに「いかに生きるか」を問う存在価値の人間類型human beingを凌駕し駆逐する。

一方、こうした「human doing」型人間の絶望、そこからの再生を描いたのが内館牧子の小説『終わった人』(講談社、二〇一五年)だった。「労働」から解放される会社定年は「生前葬」にほかならず、人間を「終わった人」すなわち「社会的死者」に化してしまう。主人公は、会社で「有能」「有用」と見なされることに全エネルギーを注ぐが、会社を辞めてみてはじめて、社会にも、家庭にもどこにも居場所がないことに愕然とする。『終わった人』は、ポーランド出身の社会学者ジグムント・バウマン(一九二五―二〇一七)が語った「廃棄された人wasted humans」とほとんど同じものだ。経済活動に役立たない非生産人間は、価値のない存在として社会から排除され、行き場・居場所を失うというのだ(『廃棄された生――モダニティとその追放者』中島道男訳、昭和堂、二〇〇七年、原著二〇〇四年)。

評論家・吉武輝子(一九三一―二〇一二)の父親はもっと悲惨だ。明治生まれの父親は、大銀行の大都市支店長で家庭を妻に任せて仕事一筋の会社人間として、会社での出世イコール人生の成功という考えの実践者、評価・業績価値の人間類型 human doing の典型だった。融資を頼みに来て泣きながら玄関で土下座する人を、玄関先で傲然と見下ろして立ちはだかる。中元・歳暮は四畳半の部屋に入りきれぬほどの膨大な量。年賀状は高さ三〇㎝ほどの山が約一〇個、客間の床の間に並べ、年始の客に披露し自慢した。定年退職後、関連会社に重役として天下った。すると中元・歳暮・年賀状がみな激減した。どれも一〇分の一以下になり大ショック。自信喪失して自宅に引きこもってしまった。

おのれをちっぽけな存在と思いこんでしまった父は、家族とさえ目を合わせることさえできなくなり、カーテンを引いて昼間さえもうす暗く感じられる自室の片隅に、ひざをかかえ、背を丸めて座り込んだまま、一歩も部屋の外に出ようとはしなくなってしまったのだった。「父さん、日ごとにうつ病が重くなっていくにつれて、まるで子猫みたいにわたしのあとをついてまわるようになってね。トイレに入ればトイレについてくる。……終わりの方では、一緒に死んでくれと力ませにわたしの首をしめあげてきた」。

（吉武輝子『夫と妻の定年人生学』集英社、二〇〇五年）

父親は定年後一年目の五六歳のとき、出刃包丁で首を切断し自殺した。かつて高度経済成長期時代に「会社人間」の夫が定年後、やることも趣味もなく友人もいないため、家庭や外出の際に妻につきまとい煙たがれるさまを「濡《ぬ》れ落ち葉症候群」「濡れ落ち葉族」などと揶揄されたことがあったが、吉武の父親などは極端な例で病的なものを感じざるを得ない。

同じような「human doing」型人間の絶望と悲劇を語ったものとして有名なのが、トルストイの小説『イワン・イリッチの死』（一八八六年）である。司法官吏イワン・イリッチが立てた人生目標は、世間的に評価されるもろもろの栄誉――役人世界における出世、高い地位と名誉、高い収入、美しい良家の妻、名士・有力者たちとの交際、快適な生活の充実――を手に入れることで、これらをすべて達成し獲得することができた。ところがある日、梯子から足を踏み外して落下し脇腹を強打し重病になり、死を意識し覚悟せざるを得なくなってしまう。

死への恐怖と肉体の苦しみのなかで、イワン・イリッチの心にふと次のような考えが浮かんだ。「もしもおれの生活が、意識的生活が、本当にすっかり間違っているとしたらどうだろう?」「今まで送って来た生活が、掟にはずれた間違ったものだという疑念が、真実なのかもしれないのである。勤務も、生活の営みも、家庭も、社交や勤務上の興味も――すべて間違いだったかもしれない」「自分の生活を形づくっていたすべてのものがなにもかも間違っていて、生死を蔽う恐ろしい大がかりな欺瞞であることを、はっきりと見てとった。この意識が彼の肉体上の苦痛を十倍にした。彼はうめき悶えながら、かけている夜具をひきむしるのであった」（『イワン・イリッチの死』米川正夫訳、岩波文庫、一九七三年）。死の直前、自分の人生の徹底的な「無意味さ」に気づかされたイリッチは、打ちのめされて死んでいく。

これらは創作上の人物か、あるいは極端な例にすぎないのかもしれない。しかし定年退職した現代日本の老人のうち、彼らの生き方とはまったく無関係で、楽しく豊かな老後を満喫していると自信をもって言える人はどれほどいるのだろう。『終わった人』の超エリート主人公が気づいた居場所のなさ、吉武の父親の激しい自信喪失、イワン・イリッチの深い絶望感。深浅のちがいはあってもこれらの一部を日本の定年退職者たちはたしかに共有している。

3　社会奉仕としての死と生

「死もまた社会奉仕」

アメリカの経済学者ソースティン・ヴェブレン（一八五七―一九二九）は、資産があり、生活のための職業につくことも卑賤な肉体的な生産労働をする必要もなく、「閑暇」を社交や娯楽に費やす人びと、こうした非生産階級を「有閑階級 leisure class」と名づけた（『有閑階級の理論』一八九九年）。「誉《ほまれ》ある閑暇 otium cum dignitate」を楽しむことが義務づけられている彼らは働きもせず、ひたすら消費に明け暮れることこそ人生の「至福」と考えるのだ。

ヴェブレンが批判したのは、金ピカ時代（Gilded Age、南北戦争終結から一八七〇年代の繁栄文化）の消費文化を謳歌していたアメリカ人の俗物根性である。労働のわずらいから解放され、投資による蓄財や見せびらかしの消費（conspicuous consumption）の日々を送り、これを成功や社会的地位のあかしと考えるというのはともかく、とくに労働せずに消費だけをする「暇な人間たち」という点においては、現代日本の高齢者の姿と重なる部分がある。俗にいう今日のセレブ、大企業の定年退職組や天下りする高級官僚など、一般人より恵まれた高齢者たちがそうだろう。

一方で、現代日本の高齢者の大半は日々の時間と、長い老後を持て余し気味で、「今日やることがない」「今日行くところがない」「居場所がない」と嘆く人も少なくない。彼らに絶対必要なのは「キョウイク」と「キョウヨウ」だと言われる。教育と教養ではない。「今日行く」ところがあり「今日用事がある」ことが老人には必要なのだという。冗談でも、笑い話でもない。かつて資本階級・富裕層の「特権」であった〝閑暇〟が、現代日本の高齢者にとっては「地獄」と化している。「人生において最も堪えがたいものは、悪天候の連続ではなくて、むしろ雲一つない日の連続である」。スイスの哲学者・公法学者カール・ヒルティが『幸福論』（一八九一～九九年）で語ったこの言葉を、「閑暇」を持て余しとくにやることもない日本の老人たちが切実な思いでかみしめているにちがいない。

さて、こうした閑暇を持て余す老人たちを日本の若者はどのように見ているのか。

第三回老年哲学国際会議に向かうおり中部国際空港内で買った保守系の月刊誌『SAPIO』

（二〇一八年一一・一二月号）は、「若者たちにとって高齢者は幸福な世界を脅かす『難民』」という見出しの記事を掲載していた。老人は若者にとって幸福を脅かす迷惑な存在でしかない。ちょうどこの頃、二〇一八年一一月、当選したばかりの青森市・市議会議員（男性・二八歳）がテレビで謝罪会見をしていた。それはツイッター匿名アカウントで「年金暮らしジジイを舐めすぎ　平日の役所窓口で罵声叫んでいるのはだいたい爺さん」と書き込んでいたのが露見し批判を受け謝罪会見を開いたのだ。「年金暮らしジジイ」という表現は、彼ら若者がふだん日常でふつうに使っている言葉なのだろう。彼らにとって、老人は厄介者でなければ軽蔑の対象でしかない。

二〇〇六年に施行された「改正高年齢者雇用安定法」（高年齢者等の雇用の安定等に関する法律）は、企業に対し定年の廃止や定年年齢を六〇歳から六五歳への引き上げを義務づけた。最近では、政府の「一億総活躍社会」「生涯現役社会の実現」などの勇ましい掛け声もあり、定年をさらに延長し七〇歳とする案まで浮上している。老人がいつまでも元気で働くのは一見、好ましいように思える。だがそれは会社・組織にあっては、老人ばかりが闊歩し若者の影が薄く、活力に乏しく硬直化した職場に化す恐れや、若者から職場やポストを奪う結果ともなる。超高齢社会では「老害」という言葉は以前よりはるかに重い、暗い響きをもつことになるだろう。

嘆くべきは、「老害」と呼ばれるべきでないふつうの老人でさえ、排除の対象とされる世の中となったことである。横浜市内の病院では三一歳の女性看護師が七〇～八〇代の患者の点滴に消毒剤（ヂアミトール）を混入させて殺害したとして二〇一八年に発覚、逮捕された。被害者は一〇人近いとされる。わかっているだけも四名の殺害が認定されている。ここ数年来、老人介護施設や老人ホームで職員が入所者を殺し、虐待しけがを負わせたりして逮捕される事件が全国で相次いでいる。

〔二〇一〇年二月〕埼玉県春日部市の特別養護老人ホームで職員の男によって七八～九五歳の女性三人が死亡・負傷。傷害致死罪で職員の男が逮捕・起訴。

〔一四年一二月〕川崎市の介護付き有料老人ホームで八六～九六歳の入所者三人が転落死。元職員の男が殺人罪で逮捕・死刑判決。

〔一七年八月〕東京都中野区の有料老人ホームで八三歳男性が死亡。元職員が殺人罪で起訴。

〔一七年一二月〕岐阜県関市の介護老人保健施設で、介護福祉士の女が九九歳の女性に暴行し逮捕。

〔一八年九月〕名古屋市天白区の高齢者向け介護施設で八〇、九〇代の男女に乱暴し職員の男逮捕。

〔一九年一月〕愛知県北名古屋市の老人ホームで、看護師と介護職員の女二人が九〇代の入所者を暴行し書類送検。

岐阜県高山市の介護老人保健施設で入所者五人が相次いで死傷、元職員の男を逮捕。

奈良県上牧町の介護老人保健施設で、九七歳の女性殺害の容疑で元職員の男を逮捕。

〔一九年二月〕

これらはおそらくは氷山の一角にすぎないのではないか。老人は「老害」として眉をひそめる存在から、今日では「邪魔」で「排除」し「抹消」されるべき存在へと変化してしまったように見える。

明治維新の功臣で現役を退いて後も巨大な派閥をつくり長いあいだ絶大の権力を振った元老・山縣有朋は一九二二年二月一日、八五歳で死去した。死に際し、のち第五五代首相となるジャーナリスト石橋湛山は「死もまた社会奉仕」という有名な記事を書いた(『小評論』一九二二年二月一一日号)。「人は適当の時期に去り行くのも、また一の意義ある社会奉仕でなければならぬ」。それは「いかに至誠から出て、いかに考えは正しくも、一人の者が、久しきにわたって絶大の権力を占むれば、弊害が起る」からである。

孔子は幼馴染の古い友人・原壌《げんじょう》を厳しい言葉で叱り、杖でその脛を叩いた。「幼にして孫弟《そんてい》ならず、長《ちょう》じて述《の》ぶるなく、老いて死せざる、これを賊と為す」(『論語』憲問篇)。お前は子供のころは素直でなく、大人になってからは大したことも何一つせず、年寄って死にもせず無駄に長生きしている。お前のような人間を世のためにならないろくでなし（賊）というのだ、と。孔子は自堕落な生き方をして社会に迷惑をかけている老人を社会の敵「賊」と呼んだ。

いまの老人は正しい生き方をしたとしても、「排除」「抹消」の対象となる。ここには一〇〇年前に語られた「死もまた社会奉仕」や二五〇〇年も前に語られた「賊」という言葉にある社会正義や叱咤更生の意味は含まれない。一九九七年、川柳雑誌に「老人は死んでください国のため」という句が掲載され当時話題になったという。軽い冗談にせよ、現代日本ではこれがまさに現実化したようだ。

黒澤明『生きる』

大学の講義「哲学と死生観」で、日本を代表する世界的監督・黒澤明の東映映画『生きる』（一九五二年）を取り上げたことがある。次作『七人の侍』（一九五四年）とともに黒澤映画の最高傑作とされる『生きる』は、死に直面した市役所の老課長が、子どもたちのために公園建設に命がけで取り組み死んでいったという死と生の鮮やかな対比。「死」の受容を媒介とする真の「生」への反転を描いているが、中心にあるのが儒教的な「孝」の死生観である。映画は次の四つの柱からなる。

1、不幸・絶望の克服と「二度生まれ」

末期ガンの宣告という不幸と絶望を経ることによって、主人公はどこまでも現世的な「一度生まれ once-born」型人間から、宗教的な深い人生観をもつ「二度生まれ twice-born」型人間に生まれ変わる。

2、日本的な諦観からの再出発

キューブラー＝ロス『死ぬ瞬間』に見るように、死の宣告における「悲嘆のプロセス」（否認・怒り・取引・抑鬱・受容）を映像で表現した。否認と絶望を経て、最後に「死」の受容において「新生」への希望が生まれる。

3、「クロノス」を「カイロス」へ変える努力・工夫・行動

khronos《クロノス》（日常を流れる平凡な時間）に対する kairos《カイロス》（一瞬が永遠であるような、切り立った特権的な時間）への転換要請。人間には誰にでも「生」のはかなさを知って、〈いのち〉を愛《いと》おしみ、覚醒するときが来なければならない→「ゴンドラの唄」。

4、「孝」的死生観

儒教でとくに尊重される「孝」の漢字は、死に行く「老」と生に向かう「子」との合字である。それは互いに相反するものが一体化して新たな価値を創造することである。主人公の死、これに続く子どもたちの明るい笑い声。ここにあるのは生命が消えかかる一方にある躍動する生命の息吹き。それは絵本『100万回生きたねこ』に見たのと同じく、生と死の連続性と生命の永遠性を語る。

以上四つの視点から、さらに詳しく『生きる』を考察して見よう。

主人公・渡辺勘治（配役・志村喬）は、市役所で勤続無欠勤三〇年、惰性でお役所仕事をこなすだけの「死んだような」日々を送る初老の市民課長である。生あくびをかみ殺してチラッと時計を見るこの老課長の姿に被せられるナレーションは辛辣だ。「彼は時間をつぶしているだけだから、彼には生きた時間がない、つまり彼は生きているとは言えない。これでは死骸同然だ。いや、実際、この男は二〇年ほど前から死んでしまっている」。肩書と給料だけが唯一の価値をもつ世界で、日々の仕事は彼の人生にとっては無益で無意味の繰り返しと化す。ドストエフスキーを愛読した黒澤は、反体制の結社に関係して逮捕・流刑されたドストエフスキーが監獄で体験した最も残酷な罰を「徹底的に無益で無意味な労働をさせられることだ」（『死の家の記録』一八六二年）と書いていることを読んで知っていただろう。無益・無意味の反復の結果、囚人は「四、五日もしたら絶望の末に、首をくくる」。同じくドストエフスキーを愛読していたアルベール・カミュも、ギリシャ神話でゼウスによって落下する巨石を繰り返し山頂まで転がし上げるという罰「徹底的に無益で無意味な労働」を与えられたシーシュポスに言及している（『シーシュポスの神話』一九四二年）。

映画に話を戻そう。ある日、病院でレントゲンをとると末期ガンだと診断された老課長は、激しいショックを受ける。日頃から職場では生気をまったく欠き惰性で仕事をこなすだけで、生きる屍「ミイラ」と揶揄されている。家庭では妻を亡くしたあと大切に育てあげた一人息子やその妻からも疎んじられている。ガンで肉体からも見放されてしまった。深い孤独感と絶望、自暴自棄になった課長は夜な夜な歓楽街をさまよい、飲み屋、パチンコ、バー、ダンスホール、キャバレー、ストリップ劇場などをめぐり歩く。飲み屋で知り合いになった小説家は、彼の肩をポンとたたいてこう励ます。「不幸は人間に真理を教える。貴方の胃癌は、貴方に人生に対する眼を開かせた。エクセ、ホモ、この人を見よ、さ。この人は胃癌という十字架を背負ったキリストだ」。毎日繰り返された自堕落な生活のなかで、おもちゃ工場に勤める元部下の若い女性と再会する。溌溂とした生き方に大きな刺激を受けた課長は、それまでの生き方をきっぱりと捨てた。生き直すことを決意する。第一歩が、住民から強い要望がありながら、各課をたらい回しにされ不可能とされていた公園建設に全力で取り組むことだった。

利害がらみで妨害しようとするヤクザの脅迫にも挫けない。関係部署に働きかけ、方々に頭を下げて、ようやく公園が完成した。役所から帰り道、老課長は完成したばかりの公園に立ち寄る。雪が降りしきる夜の闇のなかで、ブランコに乗り「ゴンドラの唄《うた》」を楽しそうに口ずさむ。ブランコに揺られたまま、静かに死んでいく。ガン宣告から五カ月後のことだった。通夜の翌日、公園には子どもたちの歓声が響く。老課長が座ったまま死んでいったブランコに乗って遊んでいた男の子が母親の呼ぶ声でわが家へと走り出す。このとき、夕焼けの空から「ゴンドラの唄」のメロディーが流れてきたところで幕となる。

最後のシーンに象徴的に示されているように、『生きる』には死に向かう老人と溌溂たる子どもたちという、生と死の対比を鮮やかに描き出す場面がいくつも用意されている。病院でガンの宣告を待つ待合室の場面では、赤ん坊が周囲に響き渡るように泣き「生」を激しく主張する。他方、これを聞きながら向かった医者から老課長は末期ガンという「死」の宣告を受ける。新しい職場の玩具工場で生き生きと働く元部下の若い女性から「課長さんも何か作ってみたら」と励まされる喫茶店の場面では、階段をトボトボと下りてゆく老課長とすれ違うように二階で開かれていた誕生会に招かれ階段を駆け上がってくる少女の姿が映し出される。仲間たちが歌う「ハッピーバースデイ、トゥユー」が流れるなか、互いがすれ違う階段の場面で、死に向かう初老の男が降り、誕生を祝福される若い娘が昇る。死と生が、残酷なまでに交錯する。

米国の心理学者ウィリアム・ジェームズは「真実なる生命に生まれうるには、人はまず真実でない生命を忘れさらなければならぬ」（『宗教的経験の諸相』一九〇二年）と語った。『生きる』は、死んだような日々を無為に送っている「一度生まれ Once-born」型人間から真の生きる人間へ、すなわち絶望を経て真実の「生命」に目覚めた「二度生まれ Twice-born」型人間の誕生という新生譚・変身譚であったと言えよう。

社会奉仕としての生

多くの病兵・重病人に寄り添い、多くの「死」に立ち会った英国の看護師ナイチンゲール（一八二〇—一九一〇）は「人間は本質的に〈光〉を求める存在である」と言い、人間の「生」

の本質を「陽光への希求」に見る。人間は「向日性の植物」であって、誰もがもつこの向日性において人間の「生命力 vital power」が回復される（『看護覚え書』一八五九年）。植物は光を求めて茎をその方向にむける向日性・屈光性 phototropism《フォトトロピズム》とともに、根を地下に伸ばす屈地性・重力屈性 geotropism《ジオトロピズム》という相反する屈性をもつ。映画『生きる』は、人間が本質的に暗い「死」へ向かう存在すなわち屈地性の存在ではなく、明るさが輝く「生」へと顔を向ける屈光性の存在であることを描こうとした。生き直すには「もう遅い」と語りながら、住民から公園建設の要望があったことに気づく。「遅くはない、やれば出来る」と自らを励まし、「無理だ」と言った部下の係長に対し「やる気になれば」できると言い返す。子どもたちのための公園建設は、死にかけて絶望の淵にいる老課長に「生」を取り戻し、明るさを与える〈光〉となった。否、子どもたちこそが死んだように生き、死を宣告までされてしまった主人公に新たないのちを吹き込む〈光〉となった。

死の直前、老課長が歌った「ゴンドラの唄」は、生きている今の「生」への賛歌・応援歌である。

いのち短し　恋せよ少女
朱き唇　褪せぬ間に
熱き血潮の　冷えぬ間に

明日の月日の　ないものを

いのち短し　恋せよ少女
いざ手をとりて　彼の舟に
いざ燃ゆる頬を　君が頬に
ここには誰れも　来ぬものを

いのち短し　恋せよ少女
波に漂う　舟の様に
君が柔手《やわて》を　我が肩に
ここには人目も　無いものを

いのち短し　恋せよ少女
黒髪の色　褪せぬ間に
心のほのお　消えぬ間に
今日はふたたび　来ぬものを

（一九一五年、作曲・中山晋平、作詞・吉井勇）

人間の「生」はいかにもはかない、そして愛おしい。だから今の若き日々、若きいのちを惜しみ、燃焼させせよ。クロノス（khronos、日常を流れる平凡な時間）をカイロス（kairos、一瞬が永遠であるような切り立った特権的な時間）へと変えるよう努力し工夫、行動せよ。

雪が降る夜の闇の中で一人ブランコに揺られながら「ゴンドラの唄」を歌って死んでいく老課長。これに対し翌日、太陽が降り注ぐ公園に溢れる子どもたちの明るい笑い声が響く。死に行く「老」と生に向かう「子」という相反するものを合字した、儒教的な「孝」の哲学――「いのち」の連続性と「生」の永遠性――を想起させる。前後に揺れるブランコもまた、あたかも生と死の行き来、往還というものを象徴しているように見える。実際、主人公はブランコに乗り、ゴンドラの唄を歌い、生の喜びを味わいつつ、死んでいく。

末期ガンを患い、死の恐怖の中でこどもたちの幸福を願い、気力を振り絞って取り組んだ子どもたちのための公園建設。絶望した老課長の最期は人々の幸福に捧げられた。死ぬ間際、ブランコに揺られてうれしそうに「ゴンドラの唄」を口ずさんでいた老課長の微笑みは、子どもたちの喜ぶ顔を思い、人生の最期を人々の幸福に関わることができたことへの深い満足を示している。

Ⅲ　動物身体・植物生命

1　西洋近代の〈毒〉と〈闇〉

東アジア「西洋近代受容共同体」

大都市から隔たった片田舎の都市に住むわたしの周囲を見わたしてみる。昔に比べると生活環境ははるかに豊かに便利になった。一方で商店街はすべてシャッター通り――数年前、東大大学院に学んだ韓国の女性教授を車で伊勢神宮に案内した帰り道、わが市で唯一特急電車が止まる駅前の商店街を通ったとき、教授は「ああ、これがシャッター通りなのですね」と納得したように言った。この言葉を知っていても東京都心部はもちろん、韓国でもこうしたものを見ることがなかったのだろう――と化し、町々に子どもたちの遊ぶ姿はない。道という道、道路という道路は自動車で埋め尽くされて歩道に人影はない。人間関係は希薄化するばかりで棟を並べて立つアパートには誰が住んでいるのかさえ分からない。昔ながらの共同体は消失し地域的・人間的な「つながり」は日を追って崩壊している。戦後日本社会の代名詞たる「会社国家」「企業社会」のなかでサラリーマンは定年と同時に社会的死者「終わった人」と化し、どこにも行く場所も居場所すらない。若者たちや移民政策で就労した外国人は低賃金や派遣・非正規社員で企業の食い物にされ、老人たちは家に引きこもり病気の治療かテレビを見ること以外、何もすることがない。

アメリカ発の酷薄なグローバル資本主義のもと、経済原理主義が社会を覆い、生涯貧困という格差社会、生涯非婚、孤立死や無縁社会の悲惨も出現した。これらは奇妙なことに、きれいで清潔な街路の明るさや社会の豊かさと同時存在している。明治以来の西洋近代への過剰傾斜、戦後はとくにアメリカを追走する中で必然的に生じた「ビジネスで結ばれた共同体」でしかない日本社会の明るさと貧しさ。これらはどれも先進国共通の現象なのだろう。アメリカに集中的に表現されている近代主義、それは人類に豊かさをもたらし明るい未来を開いてくれたが、一方でここに成熟した現代文明、そこに出現し形成された世界/社会は日本人の原精神とどこか根本的な次元で微妙にズレていて、少なからぬ齟齬をきたしている。

ナチスに追われヨーロッパ各地を転々とするなかで、ドイツユダヤ系の哲学者エルンスト・ブロッホ（一八八五―一九七七）の目に映った西洋世界は荒寥《こうりょう》としていた。「ここを広く見わたしてみる。時代は腐敗し、しかも同時に陣痛に苦しんでいる。事態は悲惨であるか、さもなければ卑劣であって、そこから脱け出る道はまがりくねっている。だが、この道の果てがブルジョワ的なものでないだろうことは、疑うべくもない」（『この時代の遺産』（池田浩士訳、三一書房、原著一九三五年）。ナチスのような巨大で邪悪の存在はないとはいえ、ブロッホが見たのと同じ景色、荒寥たる世界がわれわれの前に広がる。明るく豊かでありながら、どこか非人間的で寒々とした風景が広がる現代ニッポンの現実。人間同士の「つながり」の希薄化、孤独・孤立化、居場所のなさ。世界規模・各世代にひろがる不安感・絶望は、資本主義や社会主義など社会体制・制度を超えた人類進化の宿命であって、〈近代〉固有の業病なのだろう。

韓国・清州市で二〇一六年一〇月、日中韓三国の哲学者・研究者・院生らによる第二回東洋フォーラム「東アジアの新たな未来を共に開く―東アジア活命連帯の提案―」（主宰・金泰昌、主催・東洋日報）が開かれた。フォーラムでとくに印象に残り深く共感したのは、新たな「東アジア文化共同体」再構築の提言をした中国・遼寧省出身（前北京大学副教授）の劉建輝・国際日本文化研究センター副所長の発表だった。

劉教授の主張を要約すると次のようになろう。

韓国、中国、日本の東アジア三国は、古来、漢字・漢文という記述言語、儒教・仏教・道教（風水思想）の三つの宗教、これらに交わる文化・習俗・精神性――家族や共同体の絆の大切さ、自然との強い一体感、詩歌を精神の支えとする感性豊かな生き方――などを古くから共有する。一方で、近代以降の三国はともに世界でもっとも熱心に〈西洋近代〉を信奉し受容・追随してきた地域である。ところが過剰な受容・追随は、「東アジア〈西洋近代〉受容共同体」

としての三国を、いわば西洋近代の「実験台」に化すという結果を招いた。西洋近代の実験台となった三国は今、同じように〈近代の闇〉に迷い込み、〈近代の毒〉を食らって呻吟《しんぎん》している。野放図で酷薄なグローバル資本主義と経済発展が生み出したものは、格差と貧困、地方崩壊であり、人間的な「つながり」の消滅だった。科学技術への過剰信仰の弊害、人口急減・格差社会・少子高齢化・老後破産・競争社会・自殺の多発など、日中韓三国は、西洋近代の最大の受益者であると同時に、かつ最悪の被害者・犠牲者である。

三国の中でもとくに日本は、明治以来、西洋近代の突出した優等生として先頭を走り抜けた。戦後は経済の世界では西洋各国を凌駕した。社会の経済化という意味において、東アジア三国のトップを走り続けた。日本のあとを韓国が必死に追い、両国を中国が追走する。東アジア「西洋近代受容共同体」としての三国は、文化や習俗、身体的特徴を同じくする隣人であると同時に、西洋近代から多大な恩恵を受けつつ、西洋近代が内包する負の側面の直撃に苦しむ被害者同士である。日中韓三国は政治・軍事・経済領域とは別の、新しい「東アジア文化共同体」を再構築して西洋近代を《包越》し、新たな文化・文明を形成しなければならない。

こう語る劉教授の指摘には同感するほかない。

思えば、英国のサッチャー改革（サッチャリズム、一九七九〜九一）と米国のレーガン改革（レーガノミクス、一九八一〜八九）に始まる「小さな政府」の成功は、日本の中曽根康弘（一九八二〜八七）─竹下登（一九八七〜八九）─細川護煕（一九九三〜九四）─橋本龍太郎

（一九九六〜九八）の各内閣を経て小泉純一郎内閣（二〇〇一〜〇六）で完成し、今日に引き継がれている。ここに見る米国型社会への傾斜とは、戦後日本社会を底辺で支えてきた国民重視の「大きな政府」から経済重視の「小さな政府」へ大きく舵を切ったことを意味する。新自由主義（グローバリズム・市場至上主義）へと、日本を転換せしめる国家規模の大変化である。

高い自我意識と強い「個」の出現

英国のマルクス経済・地理学者デヴィッド・ハーヴェイ（一九三五―）は、一九八〇年前後から英米の両指導者によって本格的に開始された新自由主義を「強力な私的所有権、自由市場、自由貿易を特徴とする制度的枠組みの範囲内で個々人の企業活動の自由とその能力とが無制約に発揮されることによって人類の富と福利が最も増大する、と主張する政治経済的実践の理論である」と定義する（『新自由主義――その歴史的展開と現在』森田成也ほか訳、作品社、二〇〇七年）。一方で、新自由主義化のプロセスは多くの「創造的破壊」を引き起こす。旧来の制度的枠組みや諸権力に対してだけでない、分業や社会関係、福祉制度、技術構成、ライフスタイルや思考様式、性と生殖に関する諸行為、土地への帰属意識、心的習慣など広範囲に及ぶ。

西洋近代の市場経済が人類史上きわめて特殊であるとして非市場経済社会の分析も行った経済人類学者カール・ポランニー（一八八六―一九六四）によれば、市場自由主義は人間の諸目的を非人間的な市場メカニズムの論理に従わせるところにある。それは「仲間を食い物にする自由、コミュニティにふさわしい貢献をしないで法外な利益を得る自由、技術的発明を公共の利益に供しない自由、私益のために密かに画策された公的な惨事から利益を得る自由」でしかないという。新自由主義が一気に進行したことによって、二一世紀に入るとそれに拍車がかかった。既存社会の安定崩壊、社会統合の破綻のほか、日本に見るように家族崩壊、孤立、無縁社会、格差社会、勝ち組負け組、ワーキングプアの出現など、社会の破綻や暗黒部分が一気に噴き出した。

ここに犠牲を強いられているのは、個人が「つながり」を見失って「分断」され、西洋近代の経済的旗手たる新自由主義のもとで飽くなき「競争」に駆り立てられている「強い」人間たちを、ただ傍観することしかできない貧困層、非正規社員の若者たち、そして孤独に苦しむ老人たちなど「弱い」人間である。家族や地域社会などとの「つながり」の欠落・分断などを物ともせず突き進む「強い個人」だけが、新自由主義社会での成功が約束される。

全世界で累計発行部数八〇〇万部以上という世界的ベストセラー、ユヴァル・ノア・ハラリ『サピエンス全史 SAPIENS : A Brief History of Humankind』（二〇一一年）は、「個人」を軸とする「家族・コミュニティ」と「国家・市場」の相関関係を近代以前、近代以後に分け「弱い個人」対「強い個人」という図式で考察した。

近代以前＝弱い個人→強い家族・コミュニティ→弱い国家・市場

近代以後＝強い個人→弱い家族・コミュニティ→強い国家・市場

近代以前の「弱い個人」に対しては「強い家族・コミュニティ」と「弱い国家・市場」が対応する。近代は「強い個人」となって、これに対応するのが「弱い家族・コミュニティ」と「強い国家・市場」となった。「強い個人」に率いられた近代の劇的な物質的な進歩・発展は「家族・コミュニティ」の崩壊を結果した。「家族・コミュニティ」の破綻において近代の「強い個人」が誕生した。一方でそれは「強い個人」に深い「孤独感」をもたらすという皮肉な逆説をもたらしたのである。

ハラリが言う「弱い個人」／「強い個人」とは、「自我意識の低さ」／「自我意識の高さ」と言い換えることができよう。近代人は高い自我意識のゆえに、家族を含む他者の存在に頼ることをしない、頼ることを潔しとしない、これを「恥」と考えるようになった。人間は「つながりの自己」すなわち「相互依存的・互恵関係にある自己（interdependent self）」である。これを取り戻すには、近代特有の高い「強い個人」あるいは「自我意識の高さ」の反省と見直しから始められなければならない。現代人をむしばむ「孤独」「孤立」の解決は、近代以前の自我意識の低い「弱い個人」に自覚的・覚悟的に回帰しようとするところに求められるのではないか。勇気と覚悟あるいは深い哲学、これなくしてそれは不可能だろう。現実社会と戦うべく定められ「強い自己」を求められる若者たちにこれを求めるのは当を得ない。老人たちの仕事となる。自覚的に覚悟して「弱い自己」を生きること。のちに改めてとりあげることになるが、それは自我意識を薄めることを意味するのではない。自我意識の転換を介して他者〈家族・コミュニティ・社会〉に積極的に関わり、周囲に依存する自己を甘受する「強さ」をもつことに帰着する。

日中韓三国が共に食らった西洋近代の〈毒〉、薄ぼんやりとひろがる底の知れない深い〈闇〉。西洋近代の恩恵とここに付随する〈毒〉と〈闇〉の由来をたどれば、〈近代〉すなわち「強い個人」を必要とした西洋近代のもつ二大特徴に行き当たる。科学分野を除く西洋近代の特徴は二つ、それは〈社会の経済化〉と〈自我の発見〉である。社会の経済化すなわち「経済社会」は、生産と効率・スピード、豊かさと有用性、合理主義を基調とし、対立や競争、弱肉強食を必然とし必要とする世界である。ここでは「より早く」「より大きく」「より強く」というように「もっともっと more and more」と絶えず前進し拡大していくことが要求される。現在の全世界を覆うに至った今日の新自由主義、グローバル経済はこれを如実に示している。

自我の発見は、外の世界に向けていた目を反転し内側へ、自己の内なる心へと向けたところに始まる。西洋史では〈近代〉のスタートは一般に、ルネサンス・大航海時代・宗教改革のあった一六世紀前後とされる。こうした歴史区分ではなくこれを〈自我の発見〉という精神の型・構えとして考察するとき、イスラム学者の板垣雄三・東京大学名誉教授はイスラムの世界では〈近代〉の萌芽は七世紀に始まったとする。「老年哲学」会議のメンバーでもある北島義信・四日市大学名誉教授は日本においては法然や栄西ら鎌倉仏教の一二世紀と見る。私は一七世紀の江戸時代に始まると考える。一般的には西洋に限れば、人間の自我は一八世紀以降の産業革命を機に生活にゆとりができた人間に見つめられて急速に発酵した。ここに生じた自我は、自己を主張し、各個人の「自由意思」を最高の権威にまで祭り上げ、ここに高められ強められた「自我意識」は、さらに高く・さらに強く・さらに大きくと前進と拡大を求める。

経済社会と自我の発見、社会の経済化と高い自我意識こそ、科学技術とともに西洋近代が生み出した最大のものであった。科学技術分野を含めこれらに共通するのは、絶えざる進歩・前進と拡大への運命的と言えるほどの熱望である。

2 動物と植物

ファウスト的精神、煽りのエートス

三〇年ほど前、大企業の経営者・企業者らがこぞって褒め称えたことで有名になった米国人の詩がある。実業家で詩人サミュエル・ウルマン（一八四〇―一九二〇）の「青春 YOUTH」という老年期を称える詩である。一〇年ほど前、老年期に入ろうという大学時代の友人がこれに感激し詩のコピーを送ってきたことがあった。私は以前からこの詩を知っていたが、好きで

はない。ありがたく廃棄処分にした。いつまでも会社や組織にしがみつこうとするトップの自己満足を支える「老害」賛歌の詩としての側面もあったからだ。「老害」を指摘される経営トップほどこの詩をありがたがって周囲に吹聴していたという記憶もある。広く紹介されているる岡田義夫訳ではこうなっている。

青春とは人生のある期間をいうのではなく、心の様相をいうのだ。
すぐれた創造力、たくましき意志、炎《も》ゆる情熱、
怯懦《きょうだ》をしりぞける勇猛心、容易をふりすてる冒険心
こういう様相を青春というのだ。
年を重ねただけでは人は老いない。

文句のつけようがない立派な詩でこれに励まされる老人も多いだろう。東洋の世界でも六二歳の老体で騎馬し戦場を駆けんとする闘志あふれる心意気を、光武帝が驚きその元気いっぱいの「矍鑠《かくしゃく》」を褒め称えた後漢の名将軍・馬援《ばえん》がいるように、古来、年老いても元気いっぱいの老人の例にこと欠くことはない。私がこの詩を好きではないのは、ここに西洋近代特有の高い自我意識、すなわち「ファウスト的自我」の揺曳があるように思われるからだ。ファウスト的自我とは近代ヨーロッパ的精神の典型で自己否定を知らぬ肥大化した自意識と孤独のうちに自

我を深め、高め、拡大しようとする精神を指す。旧時代の日本人の自我と好対照をなす。日本人の自我は、おのれを世界の一部と感じ、共同体に吸収される自我、すなわち人間（じんかん＝人と人との間に生きる存在）の語に示されているように、人と人との関係性における自我を尊重する。これとは好対照に、ゲーテ『ファウスト』第一部（一八〇八年）で、ファウストは高らかに宣言する。

全人類に課せられたものを、
私は自分の内にある自我でもって味わおう、
自分の精神でもって最高最深のものを敢えてつかみ、
人類の幸福をも悲哀をもこの胸に積みかさね、
こうして自分の自我をば人類の自我にまで拡大し、
結局は人類そのものと同じく私も破滅しようと思うのだ。

『ファウスト』（相良守峯訳、岩波文庫、一九五八年）

ファウスト的自我は、メフィストフェレスがファウストを評して「あの男は運命から、前へ前へと遮二無二《しゃにむに》に進んでいく精神を授けられた」と語ったように、つねに行動し意志する精神で、前へ前へ、先へ先へと絶えず前進と拡大を続ける。ファウストは、人生で最も大切なものを「言葉（Wort）」でも、「意味・こころ（Sinn）」でも、「力（Kraft）」でもなく、「行為・事業（Tat）」だと言った（『ファウスト』第一部・書斎1）。それは自己の可能性をどこまでも追求し極めつくそうと絶えず活動する。これはゲーテその自身の自画像でもあった。

浄土真宗の僧侶で社会学者の大村英昭は、人間を前進と拡大・行動へと駆り立てるこうした西洋特有のファウスト的自我を、「煽りのエートス agitating ethos」という言葉で形容する。マックス・ヴェーバーが言ったキリスト教的「禁欲のエートス」とは一体的関係にある。西洋近代特有の「煽りのエートス（心的態度・集合的心性）」はヨーロッパ精神の根源にあって、ここに形成された「煽りの文化 agitating culture」は近代文明形成の動力となった半面、対立と競争、つねに前進し拡大することを人間に求めてやまない。日本にもこうした「煽りのエートス」がなかったわけではない。日本の開闢《かいびゃく》神話で「天地初発」と書き始められている『古事記』の天地創成論について、丸山眞男はそのあとに続く「葦牙《あしかび》の如く、萌え騰《あが》る物に因りて」との表現にあるのは「おのずからなる発芽・生長・増殖のイメージ」であり、「初発」のエネルギーを推進力として「世界」がいくたびも噴射され、一方的に無限進行してゆく姿であると語った（「歴史意識の『古層』」一九七二年）。

古事記の「初発」の「一方的に無限進行してゆく姿」とは、国家としての日本を前方へと「煽り立て」絶えざる前進・躍動する運動の出発点となった。つねに伸張し無限増殖する日本のイメージは、八紘一宇を旗印に「大東亜共栄圏」を掲げた太平洋戦争、あるいは戦後の高度経済成長による世界第二位の経済大国、今日の経済成長路線の継続と連綿として続き終わりがないように思われた。ところが、前述したように、二一世紀の日本は収縮し縮小に向かう。古事記がイメージした「葦牙《あしかび》の如く、萌え騰《あが》る」という膨脹し伸張し続ける国家のすがたは、二一世紀に入るや一転、「収縮」という現実に取って代わられようとしている。

世界の経済大国、「ジャパン・アズ・ナンバーワン」などとおだてられ、一九八〇年代は空前絶後のバブル経済に国民総出で舞い上がった。しかし本来、日本人のエートス・文化はこうしたファウスト的な「煽りのエートス」「煽りの文化」を基調とするものではない。六世紀の仏教伝来いらい、日本人の精神に「世間虚仮《せけんこけ》。唯仏是真《ゆいぶつぜしん》」と語った聖徳太子に見る「否定の論理」や、とくに土着的な浄土宗・浄土真宗系の仏教思想によって現世を否定的に見る「鎮めのエートス」「鎮めの文化」が形成された。現代文明、現代日本の「経済社会」を支配するのは「ファウスト的自我」であり「煽りのエートス」「煽りの文化」であるにちがいない。しかし高齢者にとって「ファウスト的自我」や「煽りのエートス」の多くは無用かつ有害である。若者たちに「ファウスト的自我」「煽りのエートス」は不可欠なものであったとしても、大村が語る「鎮めのエートス」こそ今日の老人たちに求められるものであり、超高齢社会の日本に必要なのは「鎮めの文化」を基調とする社会政策・社会整備だろう。

花の宗教と獣の宗教

自民党・橋本龍太郎第二次政権が「構造改革」を掲げ、いわゆる金融ビッグバンの具体化を指示し新自由主義改革＝グローバリズムに大きく舵を切った一九九六年、一人のフランス人哲学者が来日した。共同体論の代表的論者ジャン＝リュック・ナンシー（一九四〇―）は、東大駒場キャンパスで行われた講演で共同体の回復、新たな共同体構築の必要性を語った。日本人は戦前的で伝統的な共同体の重荷を未だに負っていると批判的な質問を受けたナンシーは反論し「われわれ西欧人は、いま裸のエゴの孤独に苛《さいな》まれている」と答えたという（中村雄二郎『述語集Ⅱ』岩波新書、一九九七年）。今日のアメリカに象徴される西洋近代を無条件に受容し、強者必勝の規制緩和とグローバリズムに拝跪する現代日本のわれわれもまた、「裸のエゴ」すなわち個的主体に閉じていく自我がもたらす底知れない孤独、「無縁社会」の荒涼たる光景を前に言葉もなく、ただ立ちすくむことしかできないでいる。

今日の豊かさと明るさの裏面にひそむ薄ぼんやりした暗さ。人間のエゴと強欲の罪深さは古来まったく変わることがないとはいえ、現代に生きる人間は、自然との一体的関係のなかで他者と連帯し共に寄り添って生きる存在ではなくなった。バラバラに分断・分裂されて対立・競争し闘争するか、意味もなく動きまわり、走り続ける毎日の連続と喧噪のなかにエネルギーを消耗し、現世的なものに翻弄されたまま、衰弱・萎縮し疲弊した〈いのち〉を持て余す存在へと退化しつつあるように見える。
一九世紀初頭、ヘーゲルは宗教を論ずるなかで、汎神論の世界ではそれまであった「花の宗教」は「獣の宗教」へと移っていくと言った。

こうした汎神論の世界では、さしあたり原子となった精神が静止して存在しているが、やがてそこに敵対的な運動が生じてくる。自己を自己なき存在としてイメージするけがれなき「花の宗教」が、真剣にたたかいを交える、けがれある「獣の宗教」へと移っていく。静かに無力に周囲をながめやる個体から、相手を破壊せんとする自立存在への移行である。……この精神の国の生命力は、植物界のけがれなき共存におそいかかる対抗力と否定力によって、死を招かざるをえない。そうした力によって、植物界に見られる静止した、多様な存在への拡散の状態が、敵対的な運動へとむかい、自立を求める精神の憎悪がたがいを消耗させる。……民族精神そのものが動物的精神にほかならず、自分を際立たせ、他との共同性をぬきに自分だけを意識する、動物的生活にほかならない。
（ヘーゲル『精神現象学』長谷川宏訳、作品社、一九九八年、原著一八〇七年）

植物の特質は「共存」である。これに対し、動物は歯や爪を標識として他を攻撃し「拒斥」する。「自己」をもたず「自由意志」も真実の「主体性」も所有することのない無邪気な植物

料金受取人払郵便

神田局
承認

5111

差出有効期間
2020年11月
30日まで

郵便はがき

101-8791

507

東京都千代田区西神田
2-5-11出版輸送ビル2F

㈱花伝社 行

お名前《ふりがな》

お電話

ご住所（〒 ）
（送り先）

◎新しい読者をご紹介ください。

お名前《ふりがな》

お電話

ご住所（〒 ）
（送り先）

愛読者カード

このたびは小社の本をお買い上げ頂き、ありがとうございます。今後の企画の参考とさせて頂きますのでお手数ですが、ご記入の上お送り下さい。

書 名

本書についてのご感想をお聞かせ下さい。また、今後の出版物についてのご意見などを、お寄せ下さい。

◎購読注文書◎

ご注文日　　年　　月　　日

書　　名	冊　数

代金は本の発送の際、振替用紙を同封いたしますので、それでお支払い下さい。
（2冊以上送料無料）

なおご注文は　FAX　03-3239-8272　または
メール　info@kadensha.net
でも受け付けております。

的宗教は、自己運動する主体として外部に向かっては筋肉と脈動による「興奮性」を特徴とする動物的精神へ移行する。すなわち相互に多様で平和的な存在から、相手を憎悪し死を賭して相闘う形態――互いに没交渉で自分だけを意識する――である動物的宗教へ移行する。ここに生じる「動物的精神」とは「自分を際立たせ、他との共同生活を抜きに自分だけを意識する動物的生活にほかならない」(『自然哲学(『エンツュクロペディー』第二部)』及び『精神現象学』)。

ヘーゲルが語ったのは、宗教一般の話ではなくインドや中国などの汎神論的自然宗教のことであったが、弱肉強食の新自由主義が全世界を覆いつくした二一世紀のいま、現代人はこうした「獣の宗教」の世界のただなかにいる。ナンシーがヘーゲルを「現代世界の開始を告げる思想家であってその思想はつねに世界や哲学の流れの決定的な転換に取り組むべきことを告げている」(『ヘーゲル 否定的なものの不安』一九九七年)と書いているのは、この意味でまったく正しい。

動物型文明「獣の宗教」とは逆に、汎神論の東アジアは「自己を自己なき存在としてイメージする穢れなき〝花の宗教〟」の世界に生きてきた。現代の「相手を破滅せんとする自立存在への移行」を特徴とする動物的文明＝「獣の宗教」に対する唯一の対立軸・対抗軸となりうるのは、「静かに無力に周囲をながめやる個体」としての「花の宗教」の再興だろう。現代においては、少なくとも政治と軍事以上に経済の領域では貪欲なグローバリズムが、現代文明をヘーゲルの動物型文明「獣の宗教」に限りなく近づけている。今日の新自由主義、アメリカ主導のグローバリズムは「自分を際立たせ、他との共同性をぬきに自分だけを意識する」という「動物的生活」、動物文明にほかならない。それはどこまでも血気盛んな若者的であって、けっして老人向きではない。

弱肉強食・優勝劣敗主義に彩られた動物的文明の盛行。今日の新自由主義者・経済至上主義者ら、キリストが批判した「世俗の富（マモン）」の追求者やイスラム過激派の原理主義の台頭、アメリカを筆頭に中国やロシアがめざす覇権主義などに共通する傲岸さ。こうした動物文明に支配された現代世界に対し、人間が人間らしく生きることのできる文明、人間らしく死ぬことができる哲学、他者との共存をめざす新たな思想、新しい知性のあり方、優雅で寛容・柔軟でのびやかな「花の宗教」的な精神世界を開示してくれるのが「老年哲学」でなければならないだろう。

「老年哲学」が今日の動物文明「獣の宗教」に対抗するためには、植物文明「花の宗教」の力を借りねばならない。それにはまず、身体と意識の奥底に蔵されている植物生命を再び人間の身心のうちに取り戻すことが求められる。

膨脹する人間身体

考古学の世界ではよく知られた一枚のスケッチ画がある。少しグロテスクな半人半獣

therianthrope《セリアンスロープ》が、身を起こすかのように半立ちのまま、見開いた黒い両目でじっとこちらを見つめる。大きく枝角を広げている牡鹿の上半身、両耳が立ち顎鬚《あごひげ》のある小さな顔、下半身は人間のようだが、ふさふさした尻尾がある。その恰好は、国旗をはじめ多くの西洋紋章に見られるような、ライオンなど猛獣が横向きの姿勢のまま顔を人に向かって正面に向ける「guardant《ガーダント》」様式をとっている。しかし普通の紋章でこの様式が、鹿などの弱い動物に用いられることはない。

　スケッチ画は洞窟壁画の権威、「先史学の法王」と呼ばれたフランスの考古学者アンリ・ブルイユ（一八七七―一九六一）が、スペインの国境に近いフランス南西端のレ・トロワ＝フレール（Les Trois-Frères）洞窟にある壁画をスケッチしたものである。

　一九一四年、アンリ・ベグーエン伯爵の息子であるマックス、ジャック、ルイの三兄弟（Trois-Frères《トロワ・フレール》）は、ラスコー洞窟から二二〇㎞ほど南下した父の領地であるピレネー山麓の近郊、ヴォルプ川の流れに沿った地中深くにある複合洞窟を、箱と石油缶で作った自家製のボートを漕いで探検した。ランプを手にした三人の少年たちが暗闇の中を進んで後期旧石器時代（約四万年〜約一万年前）の彫刻が施された通路を入ると、そこに雌雄一対のパイソンの粘土像を見つけた。息子たちからこの発見を聞いた彼らの父はさっそく、友人でのちにラスコー洞窟の発見・調査に加わったブルイユに報告した。こうしてレ・トロワ＝フレール洞窟の存在が世間に知られることとなった（デヴィッド・ルイス・ウィリアムズ『洞窟のなかの心』港千尋訳、講談社、二〇一二年)。

正確なところはよくわからないが、二年後の再調査で洞窟の最奥部の高さ四mの壁面に発見されたのが、薄く彩色された半人半獣の黒色線刻画である。紀元前一万二〇〇〇～一万五〇〇〇年頃と推定されるこの壁画は、ブルイユによって「魔術師 sorcerer《ソーセラー》」と名づけられた。魔術師(あるいは呪術師《シャーマン》)は高さ約一m、幅約五〇㎝の大きさで、上半身は鹿、下半身は人間のようだが、ブルイユのスケッチをよく見ると何種類かの動物のパーツからできている。人によって見方はいろいろあるが角は鹿、目はフクロウ、耳はオオカミ、髭はヤギ、胴体は鹿かライオン、前足は熊、爪はライオン、尻尾は馬かオオカミ、両脚は人間というのが一般である。

もっともこれはブルイユのスケッチによれば、という限定付きで、研究者の間では以前からスケッチの不正確さを指摘する人も少なくない。ある研究者は、人間が動物の毛皮や角を身につけた動物仮装説があることを紹介したうえでこれにも疑問を呈する。動物の変種か、単に立派な角のある動物が立ち上がった姿を描いたにすぎず、スケッチ自体、魔術師・呪術師といった宗教的な解釈もまた、疑わしい(小川勝「呪術師の諸問題――洞窟壁画の解釈をめぐって」鳴門教育大学研究紀要、第23巻、二〇〇八年)。現物を写真で見ると、描線も細部も不鮮明で、たしかに、ブルイユの目の良さや模写の腕を保証するものではない。

ラスコーやアルタミラなどに傑出した洞窟壁画を遺した旧石器時代人を魅了し、それゆえに彼らが線刻画、彫刻、絵画の題材に選んだもの、それはほとんど皆、動物だった。こう語ったアメリカ〈沖仲士の哲学者〉エリック・ホッファー（一九〇二―八三）は『First Things Last Things』（一九七一年）でこう続ける。彼ら先史時代人は、自分たち人間よりすぐれた存在として動物を崇拝した。なぜなら、動物界の一員としての人間は、他の動物たちとは大いに異なっていて、闘うための爪も牙も角もなく、身を保護するための鱗も毛皮もない。穴を掘ったり、泳ぎ、走り、登ったりする特殊な器官も持っていないからだ。

未完成の欠陥動物、これが人間の特異性および創造性の根源である。人間は現状に満足していられない唯一の動物である。人間の理想は、周りの動物たちに見られる諸々の完全性を統合した存在となることであった。人間の芸術、踊り、歌、儀式、そして発明は、人間が動物としての自己に欠けているものを補おうと暗中模索したことから生まれた。人間の精神性の発端は、自己の動物性を克服したという熱望にではなく、すぐれた動物になろうとする努力にあった。（『エリック・ホッファーの人間とは何か（First Things Last Things）』田中淳訳、河出書房新社、二〇〇三年）

人間が動物を崇拝し、その恰好をまねたのは、「未完成の欠陥動物」を自覚するがゆえである。人間の理想は、周囲にいる動物たちの「諸々の完全性を統合した存在」となること、すなわち「すぐれた動物」となることだった。

ホッファーは、レ・トロワ＝フレール洞窟の一段高い岩棚に描かれている呪術師（魔術師《ソーセラー》 sorcerer）にも言及している。「人間の顔をしてはいるものの、動物たちの長所を寄せ集めた姿をしている。牡鹿の角、狼の耳、梟の目、熊の手、馬の尾、山猫の生殖器をもっている」。レ・トロワ＝フレール洞窟の半人半獣壁画は、一万年以上も前の人類が漆黒の闇のなかでわずかな火の光を頼りに固い岩盤に刻みつけた「すぐれた動物」の理想の表現だった。ここにあるのは動物たちがもつ「力、スピード、技術」への憧憬や切望である。

動物身体のアポリア

ホッファーの指摘にあるように、今日のわれわれは遠い昔の人類が切望した動物たちの「力、スピード、技術」をとっくに入手済みである。われわれは先史時代の人間が切望した「すぐれた動物」となりおおせた。核爆弾を含む近代兵器の攻撃性と「牡鹿の角」、軍事衛星やパソコン・インターネットによる情報収集能力と「狼の耳」、電子望遠鏡・電子顕微鏡やソナー・暗視スコープと「梟の目」、最新技術による動力機械や自動車・新幹線・飛行機あるいは生命工学による強力な運動性・生殖性などのもろもろと「熊の手、馬の尾、山猫の生殖器」――このように対比すれば、人間が手中にしたこれらの能力は、動物たちのそれをはるかに凌駕する。現代人は知力、とくに近年めざましい人工知能（ＡＩ）の発達で人間の知能は無限大に拡大可能となったが、それ以外の身体性でも、他の動物たちを完膚なきまでに圧倒しその頂点に君臨する「すぐれた動物」となっている。

現代文明によってわれわれが手にした「動物身体／動物生命」。生命進化の必然であるにせよ、これが人間にとって幸せな、望ましい進化とは必ずしも言えないだろう。生命進化の関連で、先史時代のレ・トロワ＝フレールやラスコー洞窟から北へ遠く隔てた文化都市パリに生まれたベルクソンが語った「生命の飛躍《エラン・ヴィタール》élan vital」はあまりにも有名だが、この説は次のように展開されていく。

物質と同時に生命を生み育てた宇宙――何もないところから物質を生成し、偶然だったにせよ物質から生命が誕生したという事実において――は、巨大で無限の、一種の生命体であると考えられる。海に生まれた生命は、内在している動因＝「生命の飛躍」によって植物、動物という二方向に分離し進化した。なかでも動物の進化はめざましく、頂点に立つ人類は、機械技術と産業文明のなかで超弩級の運動性・感覚性を手中にした。人類は身体のみならず、欲望もまた、限りなく膨張・肥大化させてしまった。一方でそこに生じたのは、拡大し肥大化する身体には不釣り合いな小さすぎる精神、脆弱な魂である。今日の人類に求められているのは、この「動物身体／動物生命」に見合った高い精神性と強靭な魂の創造である（『道徳と宗教の二つの源泉』一九三二年）。

アメリカ主導の現代文明は、科学技術と産業主義のなかで動物的な「力、スピード、技術」のより一層の増強願望にせき立てられて「すぐれた動物」への邁進をやめない。ベルクソンが求めたような人類の「動物身体／動物生命」に見合う高い精神性、強靭な魂の創造とはどのようにして可能なのか。それはどこに、どのようにして見出すことができるのか。

　フランスの社会思想家・文明批評家で速度学（dromologie《ドロモロジー》）を提唱したポール・ヴィリリオ（一九三二―二〇一八）は、現代人が獲得し、あるいは獲得すべく課せられている動物身体に関してスリリングな議論を展開する。現代のテクノロジーは「より高くより速くより強く先へ先へと競わせ駆り立てる仕組み」を基本原理とする。こうして速度によって国家と社会も組織も個人の生活も駆動されつき動かされている社会構造が「dromologie《ドロモロジー》」である。拍車をかけるのが近代の進歩思想や競争原理であり、自由主義経済体制、すなわち資本主義的産業構造である（古東哲明『瞬間を生きる哲学』筑摩書房、二〇一一年）。

　現代テクノロジーは、自動車や飛行機・ジェットロケットといった「動く乗り物」と、テレビやAV機器、インターネットといった場所移動を必要としない超高速・光速レベルの「動かない乗り物」によって、自宅に閉じこもるだけでなく自分自身に閉じこもる「住居での不動状態」＝「繭状態 cocooning《コクーニング》」を出現させた。現代に生きる人類は、原始時代の「奔放な遊牧生活《ノーマディスム》」から「不動状態《イネルシー》」へと変貌し、いまや「決定的な定住状態」へと向かっている。

　それは人類にとって、立ち位姿勢の出現と並ぶほどの重大な変化だ。しかし同時に、それは新しいタイプの動力に向かう「ポジティブな進化」ではもはやなく、座った人類の到来、もっとひどい場合には、横たわった人類の到来という、空間を病的に不動化する「ネガティブな行動退縮」と言えるものなのだ（ヴィリリオ『瞬間の君臨』土屋進訳、新評論、二〇〇三年）。

人類は何百万年、何千万年をかけて獲得した直立身体「立ち位姿勢」を捨て、大地に水平な「横たわった」動物身体に逆戻りする。それはしかし、大地に実際に足で踏みしめることはない。「無重力状態」——大地にも天にも関わらない身体である。人類は〈天—人—地〉という垂直の、太陽と重力によって定められ方向付けられた宇宙の基軸を失って、自己の重さだけが頼りの静止した物体となる。住まう「大地」を喪失した身体となって大地を離れ地上を浮遊する。「自己の肉体から脱走し、自分の肉体から永遠に追放される」。動物身体のなれのはてをヴィリリオはこう語るのだ。

生命の根源としての植物

何億年も前、動物は原始植物から枝分かれして進化をとげ、環境に制約されず自由に移動できる身体を手に入れ、人間はこれに加えて他の生物をはるかにしのぐ知力を獲得した。動物学者エルンスト・ヘッケル（一八三四—一九一九）は「個体発生は系統発生を繰り返す」——個体発生は系統発生が短縮され、かつ急激に反復されるものであり、この反復は遺伝と適応の生理的機能によって規制される——と語ったが、人間の記憶の奥底には遠い昔の植物身体、植物生命時代の思い出が刻まれているのもかもしれない。物理学者イリヤ・プリゴジン（一九一七—二〇〇三）が物質の非閉鎖系における「自己組織化」から生命が誕生した（「散逸構造理論」）と言い、生物は生命の故郷である物質（無機物）に帰ろうとする無意識の本能がある（「快感原則の彼岸」一九二〇年）とフロイトは語ったが、人間の無意識にはその故郷を物質＝無機物とするのではなく原初の生命体として地球に誕生した藻類、植物への郷愁がより色濃く存在するのではないか。

　植物を愛するのが人間の「根源的な感情」で、それは植物から動物への進化の記憶という深いところに根ざす。イギリスの古生物学者リチャード・フォーティ（一九四六―）は言う。「われわれの無意識の奥底には、シルル紀からデボン紀にかけて大地が緑化し、最初のエデンが誕生した頃の記憶が残っているのかもしれない」（『生命40億年全史』渡辺政隆訳、草思社、二〇〇三年）。フォーティは「緑陰思想」という言葉の語源として知られる一七世紀イギリスの詩人アンドリュー・マーヴェルの詩「The Garden」にそれを見る。

The mind, that ocean where each kind
Does straight its own resemblance find ;
Yet it creates, transcending these,
Far other worlds, and other seas ;
Annihilating all that's made
To a green thought in a green shade.

難解で日本語にすることのむずかしい英文詩ではあるが、同書の訳者は次のように訳している。

精神とは、己が姿を
偽りなく映し出す海なり。
しかしながらそれは、この世を超えた
他の世界、他の海を創造し、
つくりしすべてを滅ぼし、
ついには緑陰の草木の思いに帰す。

はるか八〇〇万年前の昔、人類だけが横向きの動物身体から身を起こし、直立二足歩行という天地垂直の植物的な身体を得た。それは天を仰ぎ大地のリズムに遵って生きる植物的な生命を再び、そしてつねに生動させるための不可避かつ本能的な選択だったのだろうか。最新の脳科学では、意識—意志、われといった動物的・人間的なものをつかさどる神経細胞（ニューロン）に対し、原初的・無意識的・宇宙意識的なグリア細胞の果たす役割の大きさが注目されている。これらはいずれも動物的なものに対し、人間の無意識下にある〈植物的なもの〉の重要性を語っているように思える。

植物は宇宙的な生命とその神秘に触れるもの、宇宙の原初的生命を感じさせるものでもあって、宇宙の「力」の具体的象徴、宇宙と一体的に結ばれている生物としてわれわれの前に存在する。「東風《こち》吹かばにほひおこせよ梅の花主《あるじ》なしとせ春を忘るな」（菅原道真）。日本的な心情されるものの一つ、それは植物を擬人化し、植物との一体感のなかに自身の生き方を重ねるところにある。無窮永遠の宇宙と一体的に結ばれている植物への思いが背景にあるのだろう。

西洋は動物を食して動物的——あるいは父性的・能動的——であるのに比べ、植物を食する東洋は植物的——母性的・受動的——な傾向を帯び今日に至っている。東アジアの人間、とりわけ日本人は古来、「植物身体」を特徴として生を営んできた。西洋の紋章（emblem）が猛獣を中心とするのとは異なり日本の家紋（family emblem）は植物がほとんどであり、春夏秋冬、四季折々の豊かな自然、日本人に顕著な自然との一体性というのは、国土の三分の二を森林が占めていることにも示されているように、植物との密接な関係に生じている。

わが家の裏庭の先、南北に走る伊勢街道（参宮街道）は沿道にあった本居宣長の旧宅（松阪市）に通じている。さらに進むと終点が伊勢市・伊勢神宮内宮《ないくう》である。前者は「敷島の大和心を人問《と》はば朝日に匂ふ山桜花」と有名な歌を詠んだ。後者の祭神は皇室の祖神で「高木神《たかぎのかみ》」（古事記「神武」及び日本書紀「神武天皇即位前紀戊午年六月—八月」）の異称をもつ天照大神である。いずれも植物が主人公である。日本の古名を「豊葦原千秋長五百秋瑞穂国《とよあしはらのちあきのながいほあきのみずほのくに》」あるいは「豊葦原瑞穂国《とよあしはらのみずほのくに》」という。葦が盛んに生い茂るようにいつまでもみずみずしい稲穂が実る国を意味する。日本国民は「人草《ひとくさ》」あるいは「青人草《あおひとくさ》」である（古事記・上巻）。日本開闢神話で神々もまた「葦牙《あしかび》（葦の芽）の如く萌え騰《あが》る」（同）。国家と民族、最高神をはじめとする神々、これらが草木に喩えられているのも、人間の心の奥にひそむ「緑陰の草木の思い（a green thought in a green shade）」が反映されていると見るべきなのだろうか。

3　三木成夫〈植物生命論〉

日本人の「いのち」と「かたち」

ハイデガーやヤスパースに師事しオルテガ・イ・ガセットの後継者とされたスペインの歴史哲学者ディエス・デル・コラール（一九一一―一九八〇）は、農業をする日本人は植物的だと言った。「米を耕す者は麦を耕す者よりも、土地により深く結び付き、土に一層隷属的である。パンに生きる国々では、耕作者は鋤で土を耕起し種を蒔く時には大地の母なる胸中を感じ取るが、その後大地は再び閉じて唯一人で自ら主役をつとめていく。だが米の耕作は、人間が単にひとり大地ばかりではなく、むしろそれを豊かにする水とも長期に亘って遙かに親密な交りをなさねばならない。農民がその水田で足を泥中に深く入れて働く時、そこに人間が大地の中に挿入され根付かされていく極点が出現する。そのとき人間は、動物であるというよりむしろ理性を具えた植物である」（『アジアの旅――風景と文化』小島威彦訳、未来社、一九六七年、原著一九六三年）。日本の家屋は土台から天上まですべて「木材と植物製品」から作られている。コラールの言った「理性を具えた植物」とは、直接的には農民をさしているのだが、日本文化が植物的であるとの主張において、日本人全体を指すと見ていい。

日本神話もまた、日本人＝植物説を語っているように思える。周知のように『古事記』で、天照大神の孫で三種の神器を奉じて高天原から地上に降臨した天津日高日子番能迩々芸能命《あまつひこひこほのににぎのみこと》（天津彦火瓊瓊杵尊《あまつひこほのににぎのみこと》）は、大山津見神《おおやまづみのかみ》から二人の娘、妹で美しい木花之佐久夜毘売《このはなのさくやひめ》（木花之開耶姫）と醜い姉の石長比売《いわながびめ》（磐長姫）の娘姉妹の献上を受けた。美人のコノハナノサクヤビメは桜の「花」のような繁栄を、醜女のイワナガビメは「石」のような永遠の命を、それぞれ象徴する。

しかしニニギノミコトは、長命だが不美人のイワナガビメ＝「石」を拒否し、繁栄を象徴する美人のコノハナノサクヤビメ＝「植物」を選んだ。このため、大山津見神《おおやまつみのかみ》はこれを恨んで「天《あま》つ神の御子《みこ》の御壽《みいのち》は木《こ》の花の阿摩比能微《あまひのみ》坐《いま》さむ（桜の花のようにはかなく短くあられるでしょう）」（『古事記』上巻）と呪詛し、イワナガビメも「其の生《う》むらむ児は、必ず木《こ》の花の如《ごと》くに、移落《ちりお》ちなむ」（『日本書紀』神代下・第九段）との「咒《のろ》ひ」をかけた。折口信夫は「醜い女を斥《しりぞ》けて、美しい女と結婚した事が、その美女との間に生れた、子の系統の続いてゐる家の為の呪《のろ》ひとなつた」と解する。

この物語は、皇祖神は、美と引き換えに長命を失ったとみるべきか、あるいは、自らの意志で不死という「呪い」を回避した話であったのか。イハナガビメを拒否し、コノハナノサクヤビメを選び妻としたことは、醜女＝「石・岩」のように不死の「いのち」に対し、美女＝「花」のように短命な「いのち」というだけではなく、生なく地にうずくまる鉱物的「ちから・すがた・かたち」に対し、天地垂直で生生たる植物的「ちから・すがた・かたち」を選び取ったことを意味するのか。「青人草《あおひとくさ》」（『古事記』）たるわれわれ一般の日本人にはどちらでもかまわないのだが。

すぐれた解剖学者であり、思想家としては没後ひろく知られるようになった三木成夫《しげお》（一九二五―八七）は人間がもつ植物身体、植物生命を強調した。肥大化した脳をもち目先の欲望と刺激に振り回されて生きる「動物」生命に対し、大地を踏みしめ太陽を自らの「心臓」とし大宇宙と交流・共振しながら生を保つのが「植物」生命である。動物でありながら二足直立し天地垂直の植物身体を選択した人類、いわば動物と植物それぞれの身体・生命を併せもつ人間が、いまや前者〈動物身体・動物生命〉に圧倒され後者をほとんど顧みることのない生を営んでいる。「植物というものは宇宙と一体をなしている。つまり自分のからだの延長が宇宙そのものであります。ところが動物というものは、宇宙を自分のからだの中に取り込んでいる。いわゆる小宇宙というものを抱え込んでいるため、その宇宙からある程度隔離される。いってみれば、自然に対して自閉的になっているのです。だから植物は宇宙と一身同体であるため、ため込む必要がない」(『生命とリズム』河出文庫、二〇一三年)。

主著『生命形態学序説——根原現象とメタモルフォーゼ』(うぶすな書院、一九九二年)でもこう言っている。植物は動物よりも強い「宇宙リズム」との親和性をもつ。これに対し、人間は動物の中でも「宇宙リズム」ともっとも離れたところにいる。植わったものとしての植物は「栄養—生殖」の生を営むために、天に向かってそのからだを伸ばし、体軸を地面に垂直に大地を志向する。地球の球心を貫く力線に見事に対応した姿であり、地球のもつ「形態極性」に、自らの姿勢を従わせている。

植物のもつ宇宙リズムは、春から夏にかけての成長繁茂、夏から秋にかけての開花結実という双極相、つまり万物が萌え出る春とすべてが枯れゆく冬という、地球のもつ「運動極性」と見事に一致する。植物たちの生は、母なる大自然の織りなす色模様の中に時間的にも空間的にも完全に〝織り込まれている〟。植物は動物のように、感覚と運動にたずさわる装置をなにひとつもたない。完全に〝熟眠状態〟のかれらが、死滅から免れているのは、このように大自然との密接に聯関《れんかん》して生を営み続けるという生得の性能に由来する。「感覚的に完全に盲目の植物たちが、地球の中心に向かって正確に根をおろし、さらに秋の到来とともに、にわかに葉を落としてゆくのは、自分と宇宙を結ぶ太い絆のはたらきによる、というより、そうした『遠』

の記憶の声に促されての結果と見るよりない」。

一方の動物は、「感覚―運動」の性能にすがり、獲物を捜し求めるために、体軸を地面に平行に保ち、めまぐるしく方向を変え緩急自在に動き回る。その姿勢は「地軸を貫く力線の方向から直角に向きを変え、これに背を向けたことになる」。「感覚―運動」の性能を発揮すればするほど、動物は母なる自然のリズムから離れてゆく。古代の人々がつねに樹木を崇拝し、それらを護り続けてきたのは、こうした自然と一体をなす樹木を通して、宇宙の大自然・生命の根原的行為に対する深い畏敬の念の表明だった。

いまを去る八〇〇万年前の昔、人類だけが横向きの動物身体から身を起こし、直立二足歩行という天地垂直の植物身体を得た。天に従い大地に根づいて生きる植物生命を再び、そしてつねに生動させるための不可避かつ本能的な選択だったのだろう。人間の精神あるいは社会が、ヘーゲルが語ったように、静かに共存する植物精神から互いに分裂し争闘する動物精神への移行（進歩）であるにせよ、人間身体の奥部にはそれとは対極的な、大宇宙と交響・共振して生きようとする植物生命が静かに息づいている。三木が語る植物身体・植物生命論は、老年期に入った人間のもう一つの生き方を語る。前進と拡大を目指して絶えず動き回るのではなく、天を仰いで大宇宙のリズムに委順し、踏みしめる大地に静かに身を委ねる生き方は老いた人間にふさわしいものでもある。

人間の「立ち姿」

三木は解剖経験に基づく独特な哲学を展開したことで吉本隆明や養老孟司ら一部の思想家・学者らには高く評価され、文庫本も出版されるなど知名度も上がってきているが、一般的にはまだ無名の存在である。そのプロフィールとともに〈三木形態学〉を見てみることにする。

大正一四年（一九二五）のクリスマスイヴに香川県丸亀市の産婦人科医の四男に生まれた。岡山大学の前身である旧制第六高等学校（六高）に入学し、九州帝国大学の工学部航空機学科に進んだものの、敗戦で航空機学科が廃止されたため、次の年、東京大学医学部に入学し直して解剖学を学んだ。東大医学部の解剖学教室の助手から東京医科歯科大学解剖学教室の助教授を経て東京芸大教授に就任した。一九八七年八月、脳出血により六一才の若さで急逝した。

東大大学院の解剖学教室に入室して二年目にうつ病にかかってしまい、精神科医の千谷七郎・東京女子大教授の診療を受けた。千谷は仏教をはじめ、ゲーテ、ドイツの「生の哲学者」ルードリッヒ・クラーゲス（一八七二―一九五六）などの研究でも知られていた。千谷との出合いを機に生命の本質や人間の生き方といった哲学的な問題に目覚めていく。千谷の紹介で在野の思想家・教育者の富永半次郎（一八八三―一九六五）に師事し、原始仏教や老子・孔子など東洋思想、古事記、源氏物語、芭蕉の門人・宝井其角の俳諧などの日本の古典、ゲーテの文学や自然学、クラーゲスの哲学などを研究し、独自の思想を深めた。

三木の解剖学が自然科学の分野を大きく超えて深い哲学性を帯びているのも、若き日の、人生の意味への探究や人間存在・世界に関する真摯で実存的苦悩に基づくものが大きかった。吉本隆明はじめ養老孟司、中村雄二郎、武術家の甲野善紀ら当代屈指の思索家に尊敬されていたことは、三木が単なる解剖学者ではなく、スケールの大きな思想家であったことを示す。とくに吉本は三木の生命形態学における洞察を折口信夫やマルクスの天才に比し、三木との出合いを「ひとつの事件でした」と語った。「何よりも驚いたのは、生命体の発生から人間（ヒト）に進化するまでの連続する過程が、内臓や神経の筋肉の発生と発達によって透徹して把握され、しかも環境としての宇宙のリズムと生物体の体内のリズムとが照応し、呼応する関係にあることにまで認識の触手は及んでいることです。人間（ヒト）を含めて生物体もまた自然の一部だということがここに明示されています」（「三木成夫について」『海・呼吸・古代形象』所収）

生前に出版された著書『内蔵のはたらきと子どものこころ』（一九八二年、のち『内蔵とこころ』と解題されて文庫化、河出文庫・二〇一三年）と『胎児の世界』（一九八三年）の二冊に加え、死後に出版されたのが『生命形態の自然誌　第一巻　解剖学』（うぶすな書院、一九八九年）、『海・呼吸・古代形象』（うぶすな書院、一九九二年）、『生命形態学序説――根原形象とメタモルフォーゼ』、『人間生命の誕生』（築地書館、一九九六年）、『ヒトのからだ――生物史的考察』（うぶすな書院、一九九七年）、『生命とリズム』（河出文庫、二〇一三年）。これらを参考に以下、三木が語った「生命形態学」を概観してみよう。

人間を含むあらゆる動物のからだは、鼻から尻尾まで「感覚—運動」の体壁系の「動物器官 outer tube」、口から肛門まで「栄養—生殖」の内臓系の「植物器官 inner tube」という内外二重の円筒構造で作られている。円筒構造の中心にあるのが内筒としての植物器官＝「植物軸」である。これを筋肉と体壁という外筒で覆っているのが動物器官＝「動物軸」である。植物器官は動物器官に先んじて形成され、あらゆる生物の〈いのち〉の基本・基軸である。肥大化した脳をもち目先の欲望と刺激に振り回されて生きる「動物」に対し、大地を踏みしめ太陽を自らの「心臓」とし大宇宙と交流・共振しながら生を保つのが「植物」である。動物の中で人間だけが、身体軸を天地に垂直に立てて生きる植物と同じ姿勢を保って生きている。太陽と大気、水と土という条件のもとで生を営んでいる植物は、自然に対してもっとも従順な存在である。植物は、宇宙と生命の起源である「重力」にもっとも素直に従って生きているからだ（『生命形態の自然誌』）。

地球上に生きる生物はみな、「重力」の影響を受ける。植物だけが天と地の双方向に身体を垂直に伸ばすこと、すなわち重力の方向に素直にしたがう姿勢を保つ。人間もまた身体を直立させることで、重力からの影響を弱めたという意味で、重力に反発した生を営む他の動物たちとは異なって、重力の方向に素直な植物的な身体性をもつ。植物と人間は、天地に垂直の直立身体において重力方向への素直さ、いわば、「重力への同意」という身体的な特徴をもつのである。

植物は太陽と水の恵みをうけつつ、大地と密着して生本来の「栄養と生殖」の営みを展開する。独立栄養、エサを他の存在に依存することなく生きられる独立性において、動物とは異なる。一方、動物はエサを求めるため、体軸を大地に平行に保って動き廻る。動物の感覚・運動・食の形態はつねに水平方向に向けられている。これに対して、植物は体軸を太陽が輝く天空に向けて真っ直ぐに伸ばし、母なる大地深くに根をおろす。その生と食、行動と指向、生長形態は垂直方向が基本である。

植物が「栄養―生殖」の生を営むため、大地に深く根をおろし、天に向かってそのからだを伸ばしきった、その姿勢……それは考えてみれば、体軸を地面に垂直に大地を指向する、すなわち、この地球の球心を貫く力線にみごとに対応した姿に外ならない。いいかえれば、地球の持つ「形態極性」に、自らの姿勢を従わせているのである。

（『生命形態の自然誌第一巻』）

動物はその体軸を、地球の「形態極性」すなわち「地球の球心を貫く力線」から直角に向きを変え、これに背を向けるという不自然な体勢を保って生きている。それはタネから幼根を大地にさしおろし、一方の幼芽を太陽が輝く天空に向け垂直に伸ばしていく植物が、体軸すなわち生の「かたち」を天地に垂直に保とうとするのとは大きく異なる。

太陽を心臓に、一方は天空から大地に向けて、もう一方は大地から天空に向けて、果てしなく廻る巨大な循環路の、それはあたかも毛細管の部位に相当する。

（『海・呼吸・古代形象』）

遠い昔、太古の海に生まれた生命体は、海から陸地に上がるとともに大空と大地に向かって真っ直ぐにそのからだを伸ばしきった。植物は天空から降りそそぐ太陽（光）のもとで、地上に存在する材料（水・二酸化炭素・無機物）をもとにして生長・生殖する。植物は、自然の四大（地・水・火・風）を最大限に利用するべくそのからだを大空と大地に向かって真っ直ぐに伸ばすというきわめて有効かつ無理のない姿勢を採用した。

これに比べ、〝横ばい〟という無理な姿勢で長年月を過ごしていた動物は太古のある時期ついに、いっきに立ち上がることに成功した。人間の直立の姿は「動物進化の頂点を飾るにふさわしいひとつの象徴」である。なぜなら、体軸における「直立」は、すでに古生代の昔にこの体軸を完成させている植物に見るのと同じく、「重力の方向」に応じた「最もすなおな形」だからである（『生命形態学序説——根原形象とメタモルフォーゼ』）。

動物と植物の生き方のちがい

日本を代表する古典芸能のひとつ、能は人間の「立ち姿」を象徴している。動物進化の頂点である「人間の直立の姿」は、地球の「形態極性」への同意という点で、植物に似た立ち姿を基本とする。一方で、動物的な動きは極力抑制されている。こうした能の表現は、宇宙と共振する植物を、人間の「立ち姿」に託しているのである。能に宇宙大のスケールの内在があるのはここに理由がある。植物が「栄養―生殖」の生を営みつつ、天に向かってそのからだを伸ばしきり、大地に深く根をおろす姿勢は「重力」の力に逆らわないもっとも素直なすがた、いわば「重力への同意」を示す。それだけではない。植物はその一方において「栄養―生殖」のリズム――春から夏に成長繁茂と、夏から秋にかけての開花結実の双極相と萌え出る春、夏草、稔りの秋そして冬枯れというこの典型的な生活曲線――地球の持つ「運動極性」と一致した生の姿、〝自然リズムと生物リズム〟のハーモニーを見事にあらわす（『生命形態学序説』）。

三木形態学が語る植物の「運動極性」は、宇宙のリズムへの従順さを示すだけではない。植物の「形態極性」に示された重力への無条件の同意は、沈み込む地球の中心において「反重力」という正反の力に変換される。「重力への同意」、すなわち植物の、植わったものとしてあらゆる条件を無条件に引き受けざるをえない根源的かつ絶対的な受動性は、外へはあらわれ出ない静寂のたたずまいのうちに、斥力という物理法則では説明のつかない無限の浮力をもつ開放性、解き放たれる能動の力への可変性を確約するものである。

生命誕生から三八億年の悠久の流れの中で、地球上の生物の世界は「植物」と「動物」の二つの方向に分かれた。「植物」と「動物」の二つの生活相に分化した生物の生命形態。なかでも人間のからだは、体軸を大地に平行に保って動き回る「動物のからだ」――鼻・耳・眼の感覚系、脳を中心とする伝達・神経系、筋肉・骨格の運動系――と同時に、天と地の双方向に真っ直ぐに体軸を伸ばす「植物のからだ」――呼吸系（消化・呼吸）、循環系（血液・脈管）、排出系（泌尿・生殖）――という動物／植物二つの身体を併せ持つ。そして垂直の植物身体を維持して生きる動物は人間のみである。「口―肛門」（食と性）という「植物性器官」が人間を含むあらゆる脊椎動物のからだの中心を貫き、生命および存在の本質部分を形成している。動物とは違って大地に深く根をおろし周囲の変化にも動ずることはない。宇宙のリズムに全身をあずけて一生を過ごす植物は、宇宙と一身同体の関係で結ばれている。三木によれば、生命体としての人間存在の理想は「動物的なるもの」にあるのではなく、むしろ「植物的なるもの」の中にある。

植物と動物のそれぞれの生き方が、……すなわち一方は、大自然の中で腰をすえ、みのり豊かな一生を送るのにくらべて、他方は、ただ〝餌〟というそれだけのせまい目標にふりまわされつづけるのである。……人々のだれしもがいだく、植物的なものへの自然のあこがれは、このようにして動物的なものに対するある絶望からうまれ出たものと思われる。
（『ヒトのからだ――生物史的考察』）

動物ではほとんど開かれていなかった〝心の窓〟を、人間はある日突然立ち上がり、天と直面することによって手に入れた。心の窓は、こうして人間に至ってはじめて大きく開け放たれることになる。ここに開かれた人間の心は隣人と心を通わせ、また動物たちも心を通わせ、ついには植物とも、天地万物あらゆるものと心を通わせて共感することができるようになった。

日本に生きる人々は、絶海の小さな孤島という地理的条件、山々にはばまれ自由な往来が困難な地形的条件（いわゆる「小盆地宇宙」）、さらに農耕生活を基本とする閉鎖的なムラ社会という社会的条件、記紀によって葦（イネ科の多年草）の若芽の生え伸びるさまにたとえられた古代日本の国土や神々とともに水田稲作農業に依存して長い歴史を生きてきた。近代以前の日本人は、良い意味でも悪い意味でもいわば、土地への固着と移動不可を特徴として、天と地にその身体を伸ばす植物に近接する（ここからの解放が最後の「付論」で示す日本人の「旅」である）。

人間における直立の姿は、動物進化の頂点、その象徴である。天とは無縁に体軸を大地に平行に保って生きている「動物の生」から、体軸を大地に垂直にして天に向かって真っ直ぐにその体を伸ばす「植物の生」への「進化」である。大地に根を下ろしながら大宇宙に開かれている植物の垂直軸と、大地に繋縛されることを選んだ動物の平行軸。大宇宙に対し、植物の「遠」の観得、動物の「近」の感覚、この両極的な体軸を併せ持つところに人間「身体」の独自性がある。

動物の「脳」、植物の「心臓」

動物器官の中心にあるのが「脳」、植物性器官の中心にあるのが「心臓」である。ただし、動物のなかで人間だけが「心臓」＝「心情」を、「脳」＝「精神」の圧倒的な支配に委ねている。

動物的体軸を脱した人間が、植物のように身体を垂直に直立させることで獲得したのは、巨大な「脳」である。人間の「生」の中心は、動物における植物器官の中心である「心臓」から「脳」へ、「こころ」から「論理」へと移行する。それは「脳」が「こころ」の声に聞き入る「生中心 bio-zentrisch」の思考が、「こころ」＝「心臓」の声を聞き失う「ロゴス中心 logo-zentrisch」、すなわち理性＝「精神」中心の思考に変わったことを意味する。しかしドイツの「生の哲学者」ルートヴィヒ・クラーゲス（一八七二―一九五六）が語るように、その存在において大宇宙と強く結ばれているという「太い絆」と生命誕生以来の「遠い記憶」をもつのは「脳」の支配を受ける動物たちではない。生の営みの中心を「心臓」が占めている植物である（『生命形態序説――根原形象とメタモルフォーゼ』）。

クラーゲスがデカルト以来の人間がもつに至った「ロゴス中心の世界像logozentrische Weltbilder」への敵視を隠さなかったのは、理性＝「精神」中心の世界像のもとで、「非時空的（非宇宙的）な威力」である「精神」が、人間の「生命」を「精神」に対する「肉体と心情」という相反する二つの極に「分極」させてしまい、人間の「生命」を殺してしまうおそれが出てきたからである（クラーゲス『精神と生命』平澤伸一ほか訳、うぶすな書院、二〇一一年）。人間の「生命」を真の「生命」たらしめているのは「宇宙生命」である。だがその担い手となるのは、「精神」ではない。「肉体と心情」である。クラーゲスが語る「精神」と「肉体と心情」という対立的な両極は、それぞれ三木の「脳」と「心臓」に対応している。「宇宙生命」の受容が可能なのは、「精神」＝「脳」によって分断される以前の「肉体と心情」＝「心臓」においてしかない。宇宙生命を心臓で受け取ることを通して、人間は宇宙の孤児という「生の孤立」を免れ、「生充実」を図ることができるのである（クラーゲス『表現学の基礎理論』千谷七郎訳、勁草書房、一九六四年）。

現代人に特徴的な、欲望に駆られるままひたすら地上を這い回る動物的な生き方、ひたすら相食み相奪う動物的な文明。これに対し、天を仰ぎ地に根を下ろす垂直的な生、「重力」に身をゆだねる静かな知性、宇宙と共振する生き方、あるいは植物的な文明への移行。三木は解剖学の知見から、「重力」に反発して生きる動物、これに対し「重力」に従順に生きると植物という対比のなかで、植物に人間の生き方の理想をみる。天に向かってその体を伸ばす植物の姿勢を三木はとくに好んだ。

光合成によって自給自足の能力を備えた植物が「植わったまま」の生を営むのに対し、この能力を欠いている動物は、絶えず「動き廻って」草木の実りを求めざるをえない。動物の食べ物は、植物の果実か、それを食べた動物のからだである。呼吸も植物の排気ガスである酸素によって行われる。動物のエサ獲得にしてもその過程に生まれるのが、対他的な「優劣・利害」の感情であり、それは当然なこととして競争・敵対へと発展していく（『ヒトのからだ――生物史的考察』）。三木の生命形態学にある「植物的なものへの愛情と動物的なものの忌避」が「自我を動物的過程の延長線上でとらえることと繋がっている」と指摘されるのは、植物と動物それぞれのこのような生き方とともに、両者の動作・振る舞いの仕方にも関係している。

獲物を捜し求めるために、体軸を地面に平行に保ってその鼻づらを下げ、ついで、めまぐるしく方向を変えながら緩急自在に動きまわる。……われわれが日頃、目先の出来事に一喜一憂し、それらに振り廻されるのは、こうした動物的な側面に、まさに〝虐使〟された結果と見ることが出来る。

（『生命形態学序説』）

動物たちは、つねに食物獲得の宿命を背負わされ、日常の限られた生活空間のなかをエサを求めて絶えずきょろきょろと動き回っている。動物が「二六時中、獲物を求めて、水を泳ぎ、地を這い、空を飛び、大地をさまよう」のに対し、植物はそのからだを天空と大地へのびのびと伸ばし、生―殖―死のリズムを四季の変化にゆだね、大自然の中で腰を据えて実り豊かな一生を送る。植物は宇宙と大地に身体をゆだね悠然と構えている。

〝植〟ったままで自らを養う彼等にとって、〝動〟く必然性は、初めから〝感〟のそれと共に、全くなかったのだ。山火事が迫っても、柿泥棒に登られても、だから、痛くも痒くもない。そうした「近」に振り廻される世界に代って、ただ宇宙の「遠」とのみ共振する世界が出来ていったのである。地球の中心に体軸を向け、太陽系の運行に〝生のリズム〟を合わせる、それは植物本来の姿というものであろう。

（『海・呼吸・古代形象』）

三木は動物的方向にあまりにも偏りすぎた現代人を、植物的なものへ向け直すところに人類進化の可能性を見ようとした。ここに見るのは自己の利害にのみ敏感で不利・危害を感知するや直ちに趨避しようとする動物的なものへの忌避である。同時にそれは、あらゆる種類の刺戟に対し直ちに反応せず、緩慢に反応する能力（ニーチェ『偶像の黄昏』『この人を見よ』）をもつ植物へのあこがれと言ってよい。

宇宙との共振

わが家近くにある臨済宗・東福寺派の名刹・龍光寺《りょうこうじ》（三重・鈴鹿市神戸）では毎年三月、春の訪れを告げる風物詩として古くから市民に親しまれている「寝釈迦《ねじゃか》祭り」が開かれる。参道の両側をにぎやかに埋める二〇〇近い露店や骨董市を楽しむ大勢の参拝者がいる。本堂では、右脇を下にして横臥する釈迦の涅槃（入滅＝死）の姿が描かれた一六畳敷もある巨大な涅槃像《ねはんぞう》（寝釈迦）――京都東福寺（当山の大本山）の画僧兆殿司《ちょうでんす》（吉山明兆《きっさんみんちょう》）が画いたといわれる日本三幅の一つの大涅槃図――のご開帳がある。一茶の「小うるさい花が咲くとて寝釈迦かな」や「葛城の山懐《やまふところ》に寝釈迦かな」「なつかしの濁世《ぢょくせ》の雨や涅槃像」（阿波野青畝）など、春の季語である涅槃像を詠んだ俳句は数多い。作者の名声のわりにはほとんど知られていない句がある。

海棠《かいどう》の鼾《いびき》ヲ悟れねはん像

作者は、松尾芭蕉のもっとも早い門人の一人、宝井其角（一六六一―一七〇七）である。其角は二二歳の若さで、この句を採録した俳諧撰集『虚栗《みなしぐり》』の選者を務めるなど早熟の天才だった。「夕すずみよくぞ男に生まれけり」「切られたる夢は誠か蚤の跡」などに見られるようにいかにも江戸っ子らしい磊落な句風を特徴とするが、「海棠」の句はそれほど有名ではない。酒飲みだった其角特有の洒落句と見なされているのか、専門家には無視でなければ軽視されている。

芭蕉の生まれ故郷の三重・伊賀の山々のふもと、曲がりくねった急峻な蝙蝠《こうもり》峠を下った先にある県内屈指の名泉「さるびの温泉」は芭蕉の句「初しぐれ猿も小蓑《こみの》をほしげなり」に因んで命名された（露天風呂の一角には山口誓子筆によるこの句の句碑がある）。周辺には猿はもちろん、鹿も出没する。この句を巻頭に置いた芭蕉七部集『猿蓑《さるみの》』に序文を書いているのが其角である。其角は『猿蓑』序文で、師の芭蕉の俳諧を「あたに懼《おそ》るべき幻術なり」と評した。三木もまた、其角の句に凄まじい力をもつ眩《めくら》むような仕掛けがあるものを見る。人間の「生」の理想は、生きながら「坐」＝「石」化する禅の世界でも、横臥《おうが》する仏陀にみる涅槃の世界でもない。「横ばい」の動物姿勢から「直立」姿勢に進化した結果、「脳」の暴走に歯止めがかけられなくなった現代人類の世界でもない。

其角の「海棠の鼾」の句にある海棠《かいどう》とは、春にリンゴに似た淡紅色の五弁・下垂の美しい花が咲く中国原産・バラ科の落葉小高木。楊貴妃が酔って寝たあとでまだ眠そうな顔で現れたのを見て、玄宗皇帝が、「海棠の睡《ねむ》り未だ足らず」と言ったことから、別名「睡《ねむ》れる花」とも呼ばれる。「海棠の鼾《いびき》」の表現が使われる所以である。妖艶な美人のたとえとして詠われることが多い。其角にも「海棠の花のうつゝやおぼろ月」の句がある。しかし「海棠の鼾」の場合、艶やかでなまめかしい美人のたとえではない。「睡れる花」の「鼾」、すなわち植物の〈呼吸〉

が大宇宙のリズムと共振するさまに焦点が当てられている。
永遠の眠りにつく釈迦の横臥姿勢＝寝釈迦に対し、海棠の立ち上がった直立の姿形《しけい》との対比としてみることもできる。横臥姿勢は、山折哲雄の説に従えば、東洋および日本文化を支える「坐」の世界を象徴する。一方、この句はより深い生の世界を、横たわる仏陀ではなく、「直立」する植物の姿形の中に見ている。一般的には注目されることのほとんどない、酒飲み江戸っ子の洒落句と軽視されがちなこの句をこよなく愛し、「海棠子《かいどうし》」をペンネームとしていた解剖学者・三木成夫は其角の句を次のように解読する。

煩悩の渦巻く此岸から煩悩の消え去った（nirvna《ニルヴァーナ》, nibbana）いわゆる「寂滅《じゃくめつ》」の彼岸をめざすのである。それは三國仏教の根幹を貫く「涅槃」の正体であるが、……そこには「呼吸のリズム」も、なにもかもおよそ波を描くすべての生の営みが純粋に否定された「涅槃空」の黄金仮面に向かい、その内なる生命呼吸の故郷を、庭先の一輪に託して語りかける、一東洋人の姿がある。しかもそこでは、生命呼吸の典型として、いわば〝微睡《まどろ》みつつ〟宇宙と共振する植物の秘めやかな呼吸が、あの鼻腔に谺《こだま》するすごいいびきとして描き出される。生命呼吸のこれほど見事な比喩がほかにあろうか。
（『生命形態の自然誌第一巻』）

人間を含むあらゆる陸上動物の呼吸とは異なって、植物の内なる「生命呼吸」の故郷は、はるかな宇宙にある。其角はそれを庭先に咲く一輪の海棠の花に託して語りかけた。そこでは、「生命呼吸」の典型として音もなく宇宙と共振する「植物」の秘めやかな呼吸が、あの鼻腔に谺《こだま》する凄まじい鼾《いびき》として五七五の一七音のなかに見事に描き出されている。

シュペングラーは植物を、偶然のなかに根を張らなければならなかった「土地の一部」であると見た。自己のために「警戒し、欲し、選択する」ことが自由にならないために、植物には「原因と結果」や「冒険と決心」は存在しない。一方の動物は「選択」することができること で、自分以外の全世界からの「束縛」から解放されている。「束縛」と「自由」が、植物的存在と動物的存在とを区別する最もたしかな指標である。ただ、植物がそのままで「全体」であるのに比べ、動物は分裂的であって、不安定な何ものかである。植物は「周期性」と「拍子」の特徴において「宇宙的な」存在である。これに対し、動物は宇宙から分離されている。宇宙に対して自分の位置を定めることのできるという意味で、動物は「小宇宙」であっても、宇宙そのものとなることはできない。こうした「小宇宙」の代表者たる人間は、宇宙から分離されたことによる存在の不安とそこに必然する死の恐怖におびえ、再び「植物的の存在」への回帰を図ろうとするというのだ。

シュペングラーは植物を「宇宙」的存在、動物を「小宇宙」的存在として、宇宙的存在である植物の特徴が循環器官「血液循環と性器官」にあるのに対し、小宇宙的存在である動物の特徴は識別器官「感官と神経」にあるとする。植物の特徴が心臓であるのに対し、動物のそれは脳である。動物＝「小宇宙」はその自閉性により、「宇宙」そのものとなることはできない。そこに存在否定への激しい恐怖、抜きがたい不安が生じる。これを動物の宿命であるとしたシュペングラーがしきりに強調したのは「大地」である。人間が農業を始め、大地に「根をおろす」とき、人間は自然との一体化において植物と化す。人間は「定住する植物」として動物の「小宇宙」を脱し、大宇宙と一体的な「宇宙的」存在として生きることができる。理性を使うことによってますます「宇宙」的存在から遠ざかってしまった動物としての人間がふたたび「宇宙」的存在となって大地に立つためには、農業をやり植物と化すことだという（『西洋の没落』第二巻『世界史的展望』村松正俊訳、五月書房、一九八九年）。シュペングラーの主張を、熊沢蕃山や安藤昌益などわが国の農本主義者たちは喜んで聞いたであろう。

シュペングラーと同様に三木もこう言っている。植物は「宇宙と一体」であって「自分のからだの延長が宇宙そのもの」である。これに対し、動物は「宇宙を自分のからだの中に取り込んでいる」点で「小宇宙」的存在である。植物は「宇宙と一身同体」だが、動物は宇宙に対して「自閉的」である（『生命とリズム』）。三木が語るのは、沈黙のたたずまいの内側にゆるやかに生動する魂を秘め、つねに天を仰ぎ大地に立ち、宇宙の生のリズムに静かに身を委ねて生きる「植物」、それは「直立」のすがたで宇宙と共振し、脳の暴走を許さず宇宙と一身同体の関係の中に生を営もうとする、動物とは異なるもう一つの「生命」のあり方である。こうした

「生命」のあり方――それは老いた人間にふさわしいものとなる。

Ⅳ 「まず哲学せよ、それから死ね」——生き直し・学び直しの人間学——

（ナチスの）収容所では、「primum vivere deinde philosophari（まず生きよ、それから生について思索せよ）」というラテン語の教訓は役に立たない。収容所で有効なのは、むしろこの教訓とは逆だ。それは「primum philosophari deinde mori（**まず哲学せよ、それから死ね**）」という教訓である。これ以外に有効なものは何もない。究極的な意味の問いを自分自身で明らかにすること、こうすることではじめて、顔をあげ背筋を伸ばして前に向かって歩くことができる。神が要求する殉教者の死を立派に遂げることができるのだ。

ヴィクトール・E・フランクル「Group psychotherapeutic experiences in a concentration camp」Group Psychotherapy, VII（1954）: 81-90.（太字は引用者）

1 老いて「教える」——熊沢蕃山に見る老年哲学

韓国で二〇〇九年秋、儒教の「実学」（修己治人《しゅうこちじん》・経世済民）をテーマにした「実学博物館」（京畿道・南揚州市）がオープンした。日本を代表する実学者として展示・紹介されているのは、熊沢蕃山《くまざわばんざん》（一六一九―九一）と三浦梅園《みうらばいえん》（一七二三―八九）のふたりである。梅園の展示資料は梅園研究家で、わたしも会員の「日本東アジア実学研究会」会長（当時）の小川晴久・東大名誉教授が用意した。近世最大の実学者・経世家である蕃山の肖像画（滋賀県高島市・中江藤樹記念館蔵）および自書「鋤月耕雲　山林経済」の書軸（岡山県備前市蕃山・正楽寺《しょうらくじ》蔵）は、小川教授を介し実学博物館から依頼を受けたわたしが専門家の手を借りて複写し、日本から送ったものである。

鋤月耕雲《じょげつこううん》　山林経済

この書軸は岡山藩主池田家代々の位牌が安置され、蕃山が三八歳で岡山藩を致仕し隠棲した蕃山村《しげやま》の蕃山邸跡に隣接する正楽寺が所蔵する。上句は、道元『永平広録』の「山居十五首《さんご》」にある「釣月耕雲」（あるいは「瑩月耕雲《えいげつ》」（月に瑩《みが》き雲に耕し）」に倣ったものだろう。下句「山林経済」は中国・明代や朝鮮・李朝時代においては農林業あるいは水田農法を意味した。これをタイトルにした書籍も刊行されている。蕃山もあるいは同じ意味で用いたのかもしれない。

わたしはこれを「月ヲ鋤《す》キ雲ヲ耕シ、山林ヲシテ経済セシム」と訓読すべきと考える。「山林は国の本《もと》」（『集義外書』巻一）であるにもかかわらず、蕃山の目には当時、山林は人間が自由に破壊・利用する自然の象徴と映っていた。人間は自然を一方的に支配するのではない。宇宙・世界の創造に参与すると同時に大自然の支配を肯《うべな》いそれに従わなければいけない。「月ヲ鋤キ雲ヲ耕シ、山林（大いなる自然）ヲシテ経済（経世済民＝人間世界の統治・救済）セシム」。こう読むことが蕃山の「実学」および世界認識に合致する。

それは自己運動する宇宙の造化（天地万物を生成・化育する働き）の主体となり客体となる人間の、精神と存在における必然の理、頭上にひろがる天への信頼と内在する大地への服従を語る言葉だと解する。造化に加わりこれを賛助するとともに、造化の支配とその必然に生きる人間の、天を仰ぎ大地のリズムに遵《したが》う本来の在り方・生き方を示すものであろう。

蕃山は各世代にふさわしい生き方を「幼にして学び、壮にして行い、老いて教える」（『集義和書』巻第一）と語った。では、老いて何を「教える」のか。次世代の若者に対し老いた人間が教えるべきこととは、単なる知識にとどまることはない。人間は造化の必然に生を得た者として、人々と共に万物を化育する〈天〉の造化の働きを賛助し〈大地〉の生の営みに進んで関わりをもち、より良き未来と新たな世界を創出する責任がある。このことを老いた人間は生き方や言葉によって示し・教えるのである。

自足の境地

さて、「人生一〇〇年時代」を迎え、近年注目されているのが一九八九年にスウェーデンの社会学者ラルス・トレンスタムが提唱した「老年的超越 gerotranscendence」という老人論である。老年になると人間は、自己中心的な合理的世界観（物質主義・個人主義・役割期待・社会的評価・世間的配慮など）から離脱し、モノや社会的なものにこだわらない「執着超越」や自己中心性が減少する「自我超越」を経て、最後に二元論的世界を脱した「宇宙的超越」へ移行しそこで深い幸福感を味わうのだという。こうした「老年的超越」は、東洋世界においてはとくに目新しいものではない。地上的なものを超えて方外（超世俗）に遊ぶ「隠者」を貴ぶ古代中国の荘子や道教に見る死生一如《いちにょ》・天人合一観、宋明《そうみん》儒教にも「天地万物一体の仁」説がある。宇宙的次元の超意識に憩い、執着超越・自我超越による地上的な自他一体感に身心を委ね安らうのは同じだ。

熊沢蕃山の同時代人で博学多識で知られた儒学者・貝原益軒（一六三〇―一七一四）もまた、自然との一体感に生じる日本版「老年的超越」を語った。これを示すのが八〇歳のときに書いた教訓書『楽訓』である。蕃山の老年哲学に言及する前にまず、益軒から見てみよう。

筑前・福岡藩に儒者として仕えた益軒は、朱子学を学び医学も修めた。七〇歳で現役を引退してのち執筆活動に専念し、八四歳で没するまでの間、庶民向けの教訓書・実用書など膨大な著書を残した。一〇〇歳を「上寿」とする健康法・長寿法を述べた『養生訓』（一七一三年）はとくに名高く、現代でも愛読されている。死の四年前の著書『楽訓』（一七一〇年）は古代中国以来の天人合一思想を奉じ、天地の心に随順して自然に親しみ、読書尚友に生じる「楽しみ」を語った。益軒の「楽」は、内容・分量とも自然と一体化する「楽しみ」に大きな比重を置く。

朝夕の目のまえに満ちた天地の大いなる働き、日月の輝く光、春夏秋冬の変わることなき法則性、四季折々の景色の美しさ、雲煙たなびく朝夕の変化、山のたたずまい、川の流れ、風のそよぎ、雨露のうるおい、雪の白さ、花の風情、若草の成長、木々の繁茂、鳥獣虫魚の生き生きとした動き。これら万物の生々たるいのちを愛し味わうことは、この上ない楽しみである。こうした楽しみにおいて、心を開放させ、清浄な心と道心を奮い起こし、いやしい心を洗い去るのがよい。

（『樂訓』巻上）

誰もが心の中にもつ「天地《あめつち》よりうけ得たる太和《たいわ》の元気」と「天機の生き生きとやわらぎ、喜べる勢いを止めない」ところに天地を一体とする「楽しみ」が生じる。五感を働かせ全身で「月花を賞美し、山水を観賞し、風を歌に詠み、鳥にあこがれる」という楽しみは、世間的な営為を離れ心を広く解き放ち、自然に対してはどこまでも受け身の、いわば「無為の時間」に生じる楽しみということができる。

古代儒教の天人合一思想を奉じ「天地の御心に従う」べきことを強調する益軒は、書斎に「静観」という書軸を掲げた。

閑中はつねに楽しみが多い。忙しい人も時々は閑を求めて心を養うのが良い。閑静な心でなければ、楽しみを得ることは難しいからだ。（同）

「静観」や「閑静」に生じる楽しみ。それは古代ギリシャの哲学者（ピュタゴラス・アナクサゴラス・アリストテレスら）が語った「観照《テオリア》 theoria」を想起させる。天の観照こそが人間の生きる目的であると彼らが考えたように、益軒も自然の有様や変化、眼前に広がる生々躍動する生きた天地を眺めることが、人生の大きな楽しみであるとした。

終日じっと花を眺めて暮らしたり、夏山の景色や高い峰が大空に映え、雲の外まで聳え立つのをいつまでも見ることほど、心を楽しませるものはない。（同・巻中）

近代世界が求めてきた人間モデルとは、「何をなしたか、どれだけ偉くなりいくら稼いだか」という行動価値・業績価値を重視する「human doing」型である。「静観」や「観照」が示すものは、世俗的な「生きがい」や「生涯現役」「一億総活躍」あるいは「生産性」などとは対極にある、与えられた〈いのち〉そのものを尊重する存在価値的な「human being」型の心のもち方と言える。ただぼんやりと眼前にひろがる自然を眺め、木の葉を揺らす風のそよぎを聞き、終日ゆったりと心を空間に遊ばせるところに出現する〈いのち〉を味わう。〈いのち〉が出現するこうした「無為の時間」に心を遊ばせる楽しみほど、今日の日本社会から失われてしまったものはない。

最晩年に益軒が到達した「楽しみ」の哲学は、基本的には自己の心内にあって天地自然に感応する「楽」を至上価値とする。『楽訓』は最後に、陶淵明『帰去来辞』（四〇五年）の「いささか化に乗じて、尽くるに帰へらん、かの天命を楽しんで、また何をか疑はん」――天地自然の造化にわが身をゆだね、生命が終わるのを静かに待とう。天命を素直に受け入れ、これを楽しむ境地に達すれば、ここには何の迷いも生じることはない――を引用する。

益軒が求めた「楽」は日本古来の死生観、豊かな自然環境が生む自然との一体感や現世肯定の楽天主義に通じている。だが一般的に言って、現世肯定主義は知足安分の悦びや自然賛美に終わることはない。益軒の場合も、現実社会と政治体制（徳川政権）への手放しの賛美が繰り返される。「今はまさに聖明の御世《みよ》である」（『大和俗訓』自序）。「わが大君（徳川将軍）の御めぐみと、今の世の太平の楽を忘れるべきではない」（『楽訓』巻之下）。「大君は、大父母である天地にたとえることができる」（『初学訓』巻之二）。益軒と同時代を生きた臨済僧、白隠（一六八五―一七六八）は世外の僧籍の身とは言え蕃山同様、農民を搾取し贅沢三昧の生活をする当時の大名たちを痛罵し、参勤交代の強制に象徴される強権政治の幕府に対し激烈で手厳しい批判を行っている（『邊《へ》鄙《び》以《い》知《ち》吾《ご》』一七五四年）。一方、益軒は現実社会と政治体制にただひたすら満足し、政治権力や社会の矛盾、不条理や酷薄で理不尽な現実は視界に入らない。

江戸時代を含め、明治以来とくに戦前、そして今日に至るまで儒学者あるいは儒学研究者・信奉者の多くが口をそろえてするのは社会に対する道徳的批判だろう。自分をあたかも孔子・孟子の聖賢の立場に置き、世相と一般大衆のささいな不行儀を儒学の規範を盾にして頭ごなしに責め立て説教しようとする。彼らが向かうのはつねに、せいぜい自分と同等者か社会の有名人や人気者、下々の一般庶民であって、経世の責任者・権力者たちではない。

儒学が批判を向けるべき最大のものは、経世を担当し修己治人の体現者、世の師表たる首相以下の政治家、社会的強者・指導層でなければならない。儒学規範を振りかざし、上に媚を呈しつつ、得意になって世相批判・世人批判をしている儒学研究者・信奉者を時々目にする。「一般の人々が君子のように優れた行ないをしないことを批判し、ふつうの女性に貞節な聖女のような操を守らせようとする。これでどうして道を興すことができるのか」（『集義和書』巻第一一）。学としての本分を忘れ欠落した儒学が戦後社会において信頼されず、仏教に比べ、学ぶ人が決定的に少ないのも理の当然だろう。

教えて、学ぶ

益軒の老年哲学「楽」は、天地一体となった自足の悦びである半面、個人的な、いわば自閉的な自己満足の境地にとどまっている。国家・社会に関わって世の不正不合理を剔抉《てっけつ》是正しよという儒教の批判精神はなく、平安時代以来の仏教的な「隠者」の世界に安住する。中年期以降の朱子学信奉者となる以前の益軒が深く傾倒した王陽明は「楽はこれ心の本体」と語った。一方で、天下人民の不幸を思うと「ひとり涙を流して嘆き」狂うがごとくで心が痛む（『伝習録』中巻）と熱烈な儒教精神を語っている。益軒は社会のあり方やその動きなど見向きもせず、ひたすら心の内にある天人一体の境地、自然観照の悦びという個人的な「楽しみ」の世界だけに生きたかのように見える。

中江藤樹（一六〇八―四八）から陽明学を学んだ蕃山は大藩・岡山藩に仕え、三二歳のとき知行三〇〇〇石の家老格に大抜擢され藩政を主導した。救民・治水・教育事業に多大な治績をあげたが藩内の嫉妬や幕府筋から危険人物視されたこともあり三八歳で引退し領内の蕃山《しげやま》村（現・備前市蕃山）に隠退した。幕府の監視下のもと、各地を転々とすることを余儀なくされた。この間、思索に沈潜し五三歳のとき主著『集義和書』を出版、七二歳で死ぬまで著書を発表し続けた。経世済民の儒教的理想主義の立場から徳川幕府の強権政治の問題点・矛盾を真正面から批判し、当時の経済社会化や消費文化、自然破壊にも警鐘を鳴らした。とくに六八歳のとき、幕府政治の抜本的改革を求めた経世書『大学或問』を著したことを罪に問われ、下総古河に幽閉四年ののち病没した。蕃山は理想政治の実現を求めてつねに挫折し漂泊した孔子あるいは王陽明と同じく、天から儒教理想をどこまでも追求するよう罰を科せられた「天の戮民《りくみん》」（『荘子』大宗師篇）としての生涯を生きた。

生涯を通し儒教の理想主義を奉じた蕃山は「幼にして学び、壮にして行い、老にして教える」と語った。ニーチェ『ツァラトゥストラ』「三様の変化」では、忍従して学ぶ若き日の〈駱駝〉——攻撃的かつ実行的な壮年期の〈獅子〉——老年には万物を肯定し新たな創造を担う〈幼子〉となるが、蕃山は老いた人間の役割、存在意義は「教える」ことにあるとした。

人が幼にして学び、壮にして行い、老にして教えるのは当たり前のことだ。これに反する者を国賊あるいは穀賊（無駄飯食い）と呼ぶ。老いて現役を退き、郷里に戻って子弟や近隣の子供たちを教え、天から授かった生命・精神を無駄にしないことを不穀というのである。

（『論語小解』憲問）

蕃山は「私には弟子という者は一人もいない」と言い、自らが「師」となることを極度に嫌った。師を自任する心に驕りや自己満足が生じ、修己の学ではなく虚栄や功利主義的な「他のためにする」学問に堕することを恐れた。「師たるは損多し。ただいつまでも人の弟子でいることこそ益があるのである。師である時は、謙虚霊明である本来の心を保ちがたい」（『集義和書』巻第九）。蕃山が語るのは、教えることは同時に学ぶことだという教育の真髄である。

学問とは、あえて人に下ることを学ぶことにある。父親であろうとするのではなく、あえて子供であることを学び、師であることを学ぶのではなく、あえて弟子であることを学ぶのである。このようにして学ぶ人こそが、真の父親となり真の師となることができる。

(『集義外書』巻二)

この言葉はキリストの「自己無化《ケノーシス》 kenosis」——おのれを低くむなしくし、従順な僕《しもべ》のようにあること(新約聖書「ピリピ書」2-7)——に似る。つねにおのれを先立てずつねに一歩下がって相手を立て、学ぼうとする人。こうした人こそが「世の人々と力を合わせて天地造化の働きに参与することができる」(『集義和書』巻第四)。蕃山の「老いて教える」の意味がここで明らかになる。「老いて教える」とは、単に知識・経験を年少者に伝えることではない。「教える」とは——セネカは「Homines, dum docent, discunt《ホミネース・ドゥム・ドチェント・ディスクント》(人は教えている間、学んでいる)」と語ったが——世の人々と「共に」一緒になって「学ぶ」ことにある。

何を「学ぶ」のか。それは人間が人間たる所以が「天地と徳を合わせ、天地の造化を助ける」(『中庸小解』下)ことにあること、すなわち万物が必然的に組み込まれている大宇宙の法則と大地の生のリズム、天地生生の「造化の神理」(『集義和書』巻第四)を学ぶのである。蕃山の「天のあたふる霊あり、故にその霊をのぶるのみ」(『集義外書』巻七)——天から与えられた霊性を錬磨深化させることが自分に課せられた務めである——との自負もここに起因しよう。

造化参賛の哲学

他の儒者とは異なり大藩の家老格として現実政治の実際に携わり、暗殺の危機・幕府による迫害など数々の修羅場を体験した蕃山を一貫するのは、天・地・人という三極の一体的関係のなかで、万物の霊長としての人間には積極的に天地造化の働きに参与し助力することが責務として課せられているという強い信念である。

天地の徳も人によってあらわれ、神明の威も人によって増す。五尺の身、造化を賛《たす》けて天地位《くらい》し万物育す。

（『集義義論聞書』三）

四書五経のひとつ『中庸』に「天地位焉、万物育焉」とあるように、天地造化の働きに人間が加わることで初めて宇宙の秩序が正しく保たれ、天地万物が化育（発生・生育）する。人間は造化の必然に生を得た者として、人々と共に万物を化育する〈天〉の造化の働きを賛助し〈大地〉の生の営みに進んで関わりをもち、微弱で取るに足らないものであったとしても、より良き未来と新たな世界を創出する責任の一端を担う。蕃山が「農」の生活と実践を強調し、「好悪なき心」の必要を繰り返し語ったのも、これが人間の造化への参賛（参加・賛助）に深く関わるからである。

農村における若き日の餓死寸前の窮乏生活に支えられた蕃山の農業重視論＝武士土着論（武士の農村居住と農業従事）は、とりわけ今日の研究者のあいだでは、現実無視の迂論ないしは復古主義と批判されるのをつねとする。しかし為政者が率先して農の生活を営むべきだとの主張は、武士の窮乏を救い農民の年貢負担を減ずる社会政策論であると同時に、天地造化と人間の関係性、人間の望ましい在り方・生き方を語るものでもあった。「天下の事は農業より偉大なるものはない」（『孝経小解』一）。農業の価値は天地の恵みと人間の働きという天・地・人の三者の共働にある。「天地人という三極の一つが欠けても造化の位育は完全には行われない」（『中庸小解』上）。農業とは、天地自然の営みに人間が力を貸して稲を育てるという動物と植物の〈共鳴場〉として存在する。天と大地と人間とが共に力を合わせて行う共働作業であり、人間の造化参賛の基本モデルとなるものである。

蕃山は「政は人心を正しくするを基本とする。人心が正しくないときは造化を助けることができない」と言う（『孝経外伝或問』一）。人間が天地の造化に加わるためには「人心の正しさ」が求められる。正しい心とは何か。蕃山によれば、それは「好悪なき心」である。西田哲学的な自己否定＝絶対無の内的世界に閉じるのではなく、蕃山が語る「好悪なき心」とは、事々物々・念々時々、具体の場において両眼を大きく外に見開きつつこれを内に転じ、好き嫌いの感情を抑制することを指す。自己没頭という袋小路、自閉や他者不在に傾斜しがちな、非日常的な自己否定ではなく好悪感情の回避という、より実践的な方法を選ぶのは、好悪の感情に心が動くこと、すなわち外物によって心が引き回されることで、存在に内在する生々固有の造化の働きが阻害されるからである。

師の中江藤樹は「好悪《よしあし》の色に心をとどめねば柳はみどり花は紅」（「倭歌」）と語った。好悪なき心とは、天地造化の働きと宇宙自然の秩序と必然性——春夏秋冬・風雨寒暑・死生順逆・富貴貧賤・福沢患難《ふくたくかんなん》・長命夭折——の現前を肯定し、私智を加えず、そのまま丸ごと受け止め享受することを意味する（『集義和書』巻第二）。「あらゆる出来事、すべてのことにおいて、少しでも好悪するこころがあるときは不仁である。天地造化の働きに加わることはできない」（『集義和書』巻第一三）。人間は「好悪なき心」において初めて精神の自由を得て、天地造化の働きを知り、これに加わり助力することが可能となる。

天地の造化のはたらきは無尽蔵である。しかし聖人がこれを助けないときは、造化が正しく行わることはない。（『集義外書』巻一五）

天地造化のはたらきは、人間の手が加えられることによってはじめて完成し十全なものとなる。造化参賛の主体は第一義的には「聖人」である。しかしここにいう聖人を、凡人を超越した特殊特別な存在とみるべきではない。聖人は「好悪なき心」＝「仁」に覚照した人であるところにおいて、それは万人とは無縁の究極的存在ではない。政治の最高主権者である聖人は、国民主権の今日では民衆そのものとなろう。聖人の「徳」がなくても、才智もしくは人倫経世の道への志さえあれば、誰もが天地の造化を助けることができる（同、巻一五）と言った蕃山の言葉は、造化参賛の道は万人に開かれていることを示す。

人間による天地造化への参賛（裁成輔相《さいせいほしょう》）は『易経』『中庸』以来の儒家の伝統・基本思想である。しかしそれは近世日本にあって「天職」観念と結びついて自己の職業への勤勉、明治期以降の殖産興業の思想へと発展していったとされる。戦後日本の「会社国家」「企業社会」に見るように、造化参賛の思想は、自己の職業や会社の繁栄といった個的・現世的・功利主義的なものに矮小化され、造化参賛がもつ本来の雄大でスケールの大きな公共性、宇宙的生命との共働といった精神性や霊的なものは失われてしまった。

「鋤月耕雲　山林経済」の世界

蕃山の「鋤月耕雲 山林経済」は、前述したように当時から世上よく知られていた道元の偈《げ》「釣月耕雲慕古風《ちょうげつこううん》」（『永平広録』）から来ていると思われる。いずれも大宇宙・天地自然と一体化した悠々たる心境を語ったスケールの大きな精神を示す句であるが、蕃山のそれは宇宙的であると同時に農業的かつ地上的・人間的である。

天・地・人の三者一体となって行われる農業を人間生活の基本とした蕃山は言う。「山林は国の根本である。国土に人工物の田畑ばかりあって野生のままの山林がないときは、人間にとっても良いことではない。野（自然）は野のままに置き、人間の手を加えないのが良い」（『集義外書』巻一）。山林とは、人間が勝手に侵し取ったり専有物としてはならない自然の象徴である。ここには自然との共生というより、大いなる自然への畏敬こそが人間生活（経世済民）の基本であり人間文明の基礎であるとの認識が示されている。

しかしそれはディープ・エコロジストたちが強調する人間を排除した自然の絶対化＝人間非中心主義 non-anthropocentrism、あるいは自然との根源的な一体化――東洋世界でいう天人合一思想――にとどまることを絶対的な善とするものではない。なぜなら宇宙の造化、万物の化育こそが根本であり、これが正しく行われるためには人間の存在が不可欠だからである。

天が始まり地が生ずるといえども、人間がこれに加わることがなければ、造化が十全に行われることはない。（『易経小解』巻一）

世界を「第三種の認識 cognitio tertii generis」もしくは「永遠の相の下《もと》に sub specie aeternitatis」認識することを求めたスピノザ同様、人間精神の本質を「霊明」としてとらえこれを「天を根として朽ちず」（『集義和書』巻第九）とした蕃山は、スピノザとは異なり、人間は生前はもちろん死後もより良き未来を展望し次世代の幸福に関わっていくべきことを説く。大宇宙と共に天地万物の造化を助け、大いなる自然のリズムに〈いのち〉を委ね、次世代の幸福と未来世界の繁栄に寄与する——鋤月耕雲　山林経済——という高邁かつ宇宙のごとき雄大な気宇を示す精神を、蕃山はたびたび語った。

死後は、万物を生成する陰陽の神となって、天下（普天率土）の造化を助けよう。東夷・南蛮・西戎《せいじゅう》・北狄《ほくてき》のどれかを贔屓したり、わずか百年ばかりの国家の興廃などにとらわれてはならない。天地万物の根源である太虚に心が帰せば、一二万九六〇〇年を一歳として、天地の寿命でさえ短いと感じるだろう。日本という小国に生まれわずかに五〇年の寿命の間に出会う世界や出来事に一喜一憂するのは愚かしい。（『集義和書』巻第一二）

人生五〇年の江戸時代に、益軒と同じ八四歳の長命を誇った蘭学者・杉田玄白（一七三三―一八一七）は死の前年、自身の長寿をこう嘆いた。「若いときから親しかった友人たちはみな死んでしまった。当世のことなど話し合う相手もいない。何事においても寂しい限りで面白いことはない。無理して長命を願うことなど無益なことだ。長生きを望む人々は、この老いの苦しみを知らないのだ」（『耄耋独語《もうてつどくご》』一八一六年）。老年期特有の「老年的超越」も益軒『樂訓』に見る天地一体に生じる楽しみも、死後の未来へ託す希望も、ここにはない。

玄白が成し遂げたオランダ解剖書の翻訳『解体新書』（一七七四年）は、日本がもつ世界秩序・世界観が千年以上日本を支配してきた「中国モデル」から「西欧モデル」へ転換したことを告げる画期的事件だった。玄白は知識人として日本で最初に西欧近代へのモデルチェンジを果たした一人であった。明治以来、西欧近代を追い求め、その価値観と生活様式のなかに生き、仕事一辺倒の人生に疲れ、長い〳〵老後をもてあます現代日本の老人たちもまた、二〇〇年前の玄白の嘆きを繰り返すことになるのか。

未来への希望

益軒が強調した天人一体の悦びや自然賛美、読書の楽しみ——これだけでも今日的な老年哲学に十分なりうる。しかしこれらは、いわばわれ一人で事足りる自己満足的かつ自閉的な世界でもある。これに現代日本の老人たちは本当に満足することができるのか。現代日本に生きる老人の多くはおそらく、ここに満足することはないだろう。類的存在という水平的な広がりも、過去—現在—未来という垂直軸の関係性も、ここにはないからだ。それは人間的な世界とは言えない。

近年、日本では老年期を迎えた著名な宗教家・学者・作家らによって老後の孤独を推奨する『ひとりの哲学』『おひとりさま』や『極上の孤独』『孤独のすすめ』といった孤独を美化する一群の孤独賛美本が出版され、ベストセラーになっている。益軒の場合もそうだが、彼らは取り巻きや本の出版・講演という社会的行為を通して世間一般と分かちがたく関係し結ばれている。彼らはこのことを知らないのか、意識的に無視している。高齢者の場合、孤独は孤立と自閉に直結する。空談あるいは美辞で飾られた孤独の勧めや孤独の楽しみを、ふつう一般の老人は鵜呑みにし真似をしてはならない。周囲を多くの友人知人・編集者・関係者・読者らに囲まれた彼らとは異なり、そこに出現するのは「孤独地獄」以外の何ものでもない。客観的に見てけっして「孤独」ではあり得ない彼らが高みから、社会的にはほとんど無力な老人たちに向かって熱心に説くのは、「自立」を至上の価値と思い込み「強い個人」を前提とする「依存からの超越」、自己の内面世界に閉じる自己美化的、自我中心的な「自己没頭」の哲学である。

ゲーテのファウスト博士と同様に、孤独と孤高に生き、肥大化した近代的自我に苦悶するマンフレッド伯爵――英国の詩人バイロンの劇詩『マンフレッド』（一八一七年）の主人公――は、山や谷川、海の大自然に身を委ね、月や星々を目で追い、雷光や降り注ぐ落ち葉を眺め、秋風のささやきを聴き「自分だけの喜び、自分だけの悲しみ、自分だけの情熱、自分だけの権力」を求め、「一人で居ることが楽しみだった」。しかしこれらによって彼は社会から切り離された一人のよそ者（a stranger）と化してしまった。自殺も自己忘却もかなわず、自我の地獄という絶望の中でここに永遠に生きることになったマンフレッドの耐えがたい悲惨は、けっして文学だけの話とはならない。

マンフレッドのように自己内部への下降、「自我」への過剰なとらわれ＝「自己没頭」を、英国の哲学者バートランド・ラッセルは人間を不幸にする最大の原因と見る。「次第に私は、自分自身と自分の欠点に無関心になることを学んだ。だんだん注意を外界の事物に集中するようになった。たとえば、世界の状況、知識のさまざまな分野、私が愛情を感じる人たちなどである」「どっぷり自己に没頭している不幸な人びとにとっては、外的な訓練こそ幸福に至る唯一の道なのだ」(『ラッセル幸福論』安藤貞雄訳、岩波文庫、一九九一年)。

蕃山が説くのは、世間一般の人々と共に造化の働きに加わり共に力を合わせ、人間社会の幸福実現に手を差し伸べ、造化の支配と必然を自覚・享受する「鋤月耕雲　山林経済」の世界である。自己の楽しみに閉じる知足安分の世界、自慊《じけん》の境地をひたすら目指すのは人間の片面に過ぎず、真のあるべき姿、理想ではない。「聖人は俗と共にあそぶ。衆と共に行うを以て大道とする」(『集義和書』巻第五)。心を広く世界に開け放ち、人々の幸福と社会の安寧のため人々と共働し他者とつながろうとする営みのなかに、より大きな自己の完成があるとする。

人間は老年期をいかに生き、死ぬべきか。蕃山の考えを整理すると次のようになろう。「万物の霊長たる人間は、老いていく日々、あるいは死の床に横たわり死後にあってさえ、次世代のためより良き明日を展望し他の人々と力を合わせて幸せな未来、新たな世界を創り出す働きに加わる情熱をけっして失わないこと。社会的実践に携わることができず、内々の精神のレベルにとどまったとしても、精神の方向性だけはつねにそうあり続けることである」。これは同時に、老いた人間が次世代の若者たちに言語や身をもって「教える」哲学となる。教える特定の相手がいない場合でも、これらの哲学を学び・知り・体得したことを、スーパーのレジ係に、道行く人々に、言葉でなくそのまなざし、たたずまいを通して示し表すことができる。

ここに学んだ子らが人の親となり老人になったとき、今度はこれを教える番だ。幼年期には人たるの道を学び、壮年期には社会に貢献し、老年期には教えるのである。こうして五〇年も経てば、日本は君子国となるだろう。

（『大学或問』下冊）

世界に先駆して「人生一〇〇年時代」を迎えたとはいえ、長すぎる老後にとまどい、生き方に迷う現代日本の老人たちであるが、彼らの痩せ衰えた双肩にも国家の未来が程よい重さで掛かっている。老いることにも少なからぬ社会的な意味があるのを知る必要があろう。

2　〈近代〉と老年哲学

無用の者

より多く、より遠く、より広くという「膨脹の原理」を基本とする近代を特徴づけるエートス。それは「生命価値の有余価値への従属」、生命価値に対する「有用価値と道具的価値」の優先である。「役に立つ」ことを生命や生命力より上位に置くということは「生に有能な者に対するより無能な者の、また生ある者に対する部分的に死せる者のルサンチマン」に基づいている（マックス・シェーラー『価値の転倒（上）』林田新二ほか訳、白水社、一九七七年）。

徳川政権の成立（一六〇三年）を機に、戦争のない平和な社会が築かれた結果、一七世紀は人口爆発（一〇〇〇万人台から三〇〇〇万人台へ）と大開墾の時代を迎えた。人口激増で新田開発が盛んに行われ、江戸などの巨大都会も形成された。産業化と世俗化、貨幣経済の勃興による「近代」の形成とともに、とりわけ戦後の日本を特徴づける「経済社会」化がこの時代に進行した。

当時のこうした「近代」＝「経済社会」化に生きる人々を見て熊沢蕃山は言った。どのような学問であれ、「利欲」を基本にする人は論外である。心から真実の道を求めて学問する人は、あなたや私のように「今の世の愚なる人」である。生まれてから知力が増すにしたがって、「世間に入人《いるひと》」（世間からもてはやされ栄達する人）は「利発」（賢くて有用）だからである。しかしそれは、現実的な「利害」という計算的な価値観に埋没することであり、人間が本来、踏み行う道からは遠ざかることになる（『集義和書』巻第一）。

現世的な「利欲」や「世間の利害」によって形成される社会＝ゲゼルシャフト（近代利益社会）は有用価値、すなわち互いに「役に立つ」という利用価値において結合し成立する社会である。そこでは人間は利用し利用される道具的・資材的な「役に立つもの」となるべく迫られる。急激に「経済社会」化していった当時にあって、蕃山が武士たちに見たのは、彼らが利用し利用される「役に立つもの」という一種の役割性・道具性の労働の中に自ら進んで埋没していくことだった。その結果、彼らの全存在は「役に立つもの」の中に消尽されていくことを余儀なくされた。死ぬまで「使い殺し・使い捨て」にされるその様子は、まるで「大津馬《おおつうま》」のようだ。

同僚と競争するようにして休日出勤することも辞さない。彼らは始終、城内にいることで安心と満足とを得ている。その勤務ぶりは、まるで殿様に仕える腰元のようだ。いつも上司の意を迎えることに汲々としている。幹部連中を見れば、働き過ぎでその大半が過労死するか、病気になるかのどちらである。彼らはあたかも「大津馬の追い枯らしのように使い殺し」にされている。健康で優秀だった者も、老境に至っても、学問・武芸に何のたしなみもない。仕事以外では無能無芸である。三、四〇代といった元気盛りの者も、ストレス発散に専念するばかりで、武士としての当然の職務を果たす甲斐性も覚悟もない。まして文武において自己修養や教養をつもうという気力もなく、無知無学のまま一生を終えている。

(『夜会記』一六九〇年頃)

「大津馬」とは、東海道の近江国大津宿(滋賀県大津市)にいた荷物運びの駄馬を指す。大津宿から京都との間には逢坂山の険路があり、馬たちは激しく疲弊し寿命を縮めた。当時の武士は大津馬のように、単なる道具＝「役に立つもの」の中に自己の全存在を没入させ、使い殺しにされている。「徳川の平和《パクス・トクガワーナ》」のもとで軍功による立身の可能性は消え、兵農分離による「旅宿」の境遇という不安にも押され、武士たちは自らの存在価値＝有用性を周囲に証明してみせなければならない。「役に立つもの」の競争の中で、武士たちの「生」はきわめて貧困な、当座の有用価値に支配された「生」へと変容させられてしまった。

　では、人間としてあるべき、真に豊かで本来的な「生」とは、どのようにして可能となるのか。ここから蕃山は荘子「無用の木」（逍遙遊篇）――樗《ちょ》という巨木は、世間的な価値・規準に当てはまらないため、大工からも使い道のない無用の木として無視されている。だが「無用」ゆえに人間に切り倒されず、大きく成長することができた――の話を下敷きに生き方の根本からの見直しをすすめる。

> 奥深い山中の木も、その有用性が災いして斧で伐採される恐れがある。一方、有用価値のない木は、斧で伐採されるという災難にあうこともなく、その天寿を全うすることができる。……武士として有用とは言えない者は、武道の心がけを励まして国をしっかり守ればよい。平和なときは学芸を楽しんで心を豊かにし、立派な武士となれば、そこには何の苦労も悩みも生じることはない。一方、才能があって有用な者は、あれこれ役を命じられて死ぬまで多忙だ。武士であるにもかかわらず、己を修め人を治めるという武士の本分に心がける時間も余裕もない。これでどうして、民の上に立つ武士としての学問を修得するこ

とができようか。死ぬまで「無知」のままに生きる。

（『集義和書』巻第一三）

有用価値のある木ほど、「役に立つ」ところにおいて存在が危機にさらされる。人間が「役に立つもの」の中に投げ入れられたとき、飼い主に道具として使い殺しにされる「大津馬」に堕す危険を避けられない。これに対し、蕃山が語るのは老荘的な方向への意識転換、存在変容である。蕃山の基本教学は修己治人の実学＝儒学だが、一方で老子に深く傾倒した。岡山藩の儒者・湯浅常山《ゆあさじょうざん》（一七〇八―八一）が蕃山の政治論を「老子に基づくことが多い」（『文会雑記』附録巻之二）と評したように、その著作には「無用（無の以て用を為す）」をはじめ「無」「無為」「無事」「無欲」「愚・拙」「謙・虚」「倹・約・損」「和光同塵」「天下の谷」「自然」など老子から借用したと思われる言葉が頻出する。

私は人から信頼されるような卓越した徳を持っていない。国にとって有用な才もない。何の役にも立たない「無用の者」でしかない。いわば山の中に立つ一本の木、そこに転がっている一個の石ころのような人間である。

（『集義外書』巻六）

蕃山の「無用の者」あるいは「山中の一木石」という述懐を、過剰な謙遜や非体制的な思想によって岡山藩を追われ、中年以降は幕府の監視下にあった隠棲者の自嘲と見るべきではない。

老子に由来する偽りなき自己認識、「修己」の独特な工夫である。

マックス・ヴェーバーによれば、儒学の徒が徳の報酬として期待するのは「現世においては長寿と健康と富とであり、死後に関しては令名を後世に残すことであった」(『儒教と道教』木全徳雄訳、創文社、一九七一年)。これに対し、蕃山は「愚かな私の名前が世間からまったく消えてしまうこと。これこそが小生の本意であり、これ以上の喜びはない」と非儒家的な「無名」性に価値を見出している。「無用の者」や「無名」性という老荘的な自己認識は、人間と社会を「役に立つもの」の中に一元的に駆り立てる〈近代〉との関係で語られており、現世的な有用性に釘づけられた現実世界に対し、これとは次元を異にする新たな天地の創造を期す言葉であると解される。

「ゲシュテル」的世界

人間中心主義の西洋近代を否定的に見たマルティン・ハイデガーの目に映った〈近代〉とは、人間を含む自然界のあらゆる存在を〈有用性〉の尺度で判断する一元的な社会だった。それは現世的な「役に立つ」ところに人間存在の価値を認める世界、道具的・資源的な視座からすべてを「役立つモノ」と見、あらゆるものを「モノ」化する世界と言い換えることができる(マルクスはこうした人間のモノ化〈商品化・貨幣化〉を「物象化 Versachlichung」という言葉で語った)。

世界を「役立つモノ」＝物象化・用象化して支配下に置き拡大要求に基づいて自己永続化を図る〈近代〉は、自然を収奪と破壊の危険にさらし、人間の故郷たる大地を荒寥化した。ここに人間の「生」はやせ細り、社会は経済化の方向へと一方的に歪められることになった。近代科学技術を不可欠の伴走者としてあらゆるものを被造物化＝「役立つモノ」化したキリスト教を淵源とする西洋〈近代〉に対し、ハイデガーは「Ge-stell《ゲシュテル》」という言葉で対抗しようと試みた（『技術への問い』関口浩訳、平凡社、二〇〇九年）。

近代世界の本質は、「Ge-stell」である。ハイデガーの造語「Ge-stell」とは、「用立てる（Stellen）」ことの「集合・総体（Ge）」を意味する。人間の本質にある「技術」的性質、すなわち自然を支配するため作為し算定し前進しようとする意志に基づき、世界のあらゆる存在物を現実的な経済合理的価値で判断し「用立てる」という仕組み、そのような集合・総体を指す。「技術」による自然支配が人間の本質に根ざしている以上、人間は「Ge-stell」的世界を回避することも拒否することもできない。自然支配を当然化する人間の「技術」的性質が、物心二元論に立つ西洋の自然科学・科学技術と合体して、西洋〈近代〉を出現させた。万物一体・天人合一的な東洋世界が、西洋に〈近代〉で遅れをとった理由がここにある。

近代に生きる人間は、「生」そのものに与えられている真の豊かさとは別のところで、一元的に「役立つモノ」の中に投げ入れられ、利用可能な資材・資源と化してしまっている。人間と社会はともに、利便性や効率性・スピードといった経済合理的な世界へと一方的に駆り立てられ、煽り立てられている。現世的な「利欲」や「世間の利害」によって形成される社会をテンニエスはゲゼルシャフト（利益社会）と命名した。実用と計算という経済原理、すなわち互いの利益的関心によって結合し成立する社会である。ここに生きる人間は、互いを「役に立つ」という経済合理主義的な道具価値・有用価値においてのみ評価し、評価される。人間は利用し利用されるという道具的・資材的な「モノ」と化した。だが存在を他者に委ね、他者の支配下に甘んじるところでは、人間にふさわしい「生」は失われてしまう。

有用価値によって「役立つモノ」となり「モノ」化される人間存在の危機にどう対処すべきか。マルクスは人間の脱「モノ」化＝脱物象化を、労働者の資本家からの解放に求めた。しかし「Ge-stell」的世界、すなわち現代文明の中にあっては、労働者も資本家もみな「モノ」化の支配下から逃げ出すことはできない。人間と自然を判断し支配しようとする「Ge-stell」の、いわば「一次元的世界」（H・マルクーゼ）では、道具性・資材性＝役に立つ「モノ」という一次元的に経済合理的価値が支配し、人間と社会を圧倒し続ける。

今日の近代は「あらかじめ算定できるものだけが、存在する」という数学的な算定可能性としての「技術」的世界である。人間が自分自身を含め、世界に現存するあらゆる存在（自然・人間）を「算定可能」であり「確保すべき役立つ物という性格」において把握することを特徴とする。すなわち、現代世界＝西洋〈近代〉は、人間世界に役立つ「モノ」のみが実在しているとする西洋固有の人間中心主義的な世界観＝経済合理性的存在観の上に築かれている。しかも、この「技術」的世界観は「全宇宙的規模」において「ひたすら役立つ物としての世界の確保に狂奔」する結果、「最も人間の人間性を脅す危険極まりないもの」となった。人間性の根元に根ざしている「技術」的性質——つねに前進し上昇しようとする力としての「ファウスト的精神」と同根同種のものであるのだが——の支配を、人間は避けることも制御することもできない。

「役立つ」ことに一元的に価値を置く人間中心主義の「モノ」化された「Ge-stell」的世界では、外に向かって前へ前へと突進する「計算する思惟」が主流となって、自己内面へと向かって沈思し反省する「省察する思惟」は後景に退く。つねに打算をめぐらす「計算する思惟」は「チャンスを狙って、一つのチャンスから次のチャンスへと、せかせかと飛び奔り、じっとしてはいない」(『放下』辻村公一訳、理想社、一九六三年)。

「Ge-stell」的世界は、人間を含むあらゆるものを有用・無用の価値二元論で判断し、つねに経済合理的に「与えられた周囲の諸事情を絶えず計算する」「打算を廻らす」のを基本とする。ハイデガーは全地球を覆い尽くす「Ge-stell」的世界＝西洋(近代)を救うことができるのは西洋哲学以外にない、これなくしては不可能だろうと言う。ここにはたして、勝算はあるのか。

「無用」の価値

ハイデガーは「Ge-stell」的世界＝「技術」の奴隷の地位に成り下がった人間が、真の人間性を回復するには、心が外側に向いた「計算する思惟」から脱して、自己内面に向かう「省察する思惟」を目覚めさせることだと言う。「省察する思惟」において、「Ge-stell」的世界に生きている近代人は人間中心主義的な「我執」に別れを告げることができる。人間が「己れを去って、その瞬きの中に自己を棄て—投げる（ent-werfen）」とき、すなわち「放下《ほうげ》 Gelassenheit」において、そこに開かれる世界の中で人間は真の自己となることができる（『技術論』小島威彦ほか訳、理想社、一九六五年）。「放下 Gelassenheit」とは、感情・意欲を抑制して自己内部へと後退し「省察する思惟」に集中する態度を言う。無心・無我の徹底、自己抛擲《ほうてき》・自己否定による存在覚醒である。

ハイデガー哲学は禅思想に類似していると指摘されることもある。むしろ老荘的というのが正しい。ハイデガーの哲学が人間中心主義に支えられたヨーロッパ哲学へ嫌悪を基底とするなら、老子の哲学が人間のエゴイズムを否定し、ヨーロッパ哲学の合理主義・理性主義の対極にあるという点でも共通している。老子と基本的性格を同じくするものとしてハイデガーが高く評価したのが荘子「無用の木」（逍遙遊篇）である。

ある人が荘子を批判して言った。「わたしのうちに樗《ちょ》と呼ばれている巨木がある。しかし、世間的な価値・規準に当てはまらない。このため、道ばたにあるのにもかかわらず、大工からも使い道のない無用の木として無視されている。あなたの話もこの樗のように大きいばかり何の役にも立たない」。こう揶揄された荘子は反論する。役に立つ「モノ」というのは、その「役に立つ」ところにおいてかえって存在破壊・消滅の危機に直面する。いま、あなたはその巨木が役に立たないことを苦にしている。それはことの本質を見誤っている。この木はその「無用」であるがゆえに、人間に切り倒されたり、危害を加えられるという存在消滅・否定の心配はない。なぜあなたは、有用性にこだわるのか。「無用」の木を何一つない広々とした大地と宇宙のただ中に植えよ。そしてその緑陰に何もしないでのびのびと寝そべるという「無為の時間」に遊び、いまある「生」の満ち足りた安らぎを心ゆくまで楽しむがよい。

荘子が語るのは、「役に立つ」という現実世界を支配する価値観＝現世的な経済合理性のみに心を奪われて、そこに開かれる真の自由、この世界に〝在る〟、「生きている」という絶対的な価値を見失っていることへの批判である。ハイデガーは、荘子「無用の木」のたとえ話を「役に立つ」という経済合理性に支配された西洋〈近代〉＝「Ge-stell」的世界との対比で引用している。一九六二年の講演「伝承された言語と技術的な言語」でハイデガーはこう語っている。

荘子「無用の木」は、非実用的な「省察する思惟」に発しており「役に立たないもの」であって、「実用的な利益をなにも生み出さない」。しかしそれなくしては物事の本質を理解することはできない。またこれなしには「役に立つもの」それ自体も意義を失って、真の意味で役に立たなくなる。無用の木は、「有用性の尺度」で評価されてはならない。

役に立たないものは、それからはなにも生み出されえないということによって、そのものに特有の偉大さと決定的な力とをもつのである。このようなしかたで役に立たないのが、事物の意義なのである。……役に立たないものへの洞察は、あるひとつの視野を開きうるだろう。

（前掲、『技術への問い』）

世界は「通俗的な観念」すなわち「有用性」の観念だけに基づいて価値づけられるべきではない。それは根本的に考え直される必要がある。人間および世界のあらゆる存在物を神による制作物と見て、利用可能な「道具」的観念＝「モノ」と見る存在理解は、プラトンら古代ギリシャ哲学以来の存在把握とキリスト教によって定立された。すなわち、あらゆる存在を神の被造物とするキリスト教的発想が西洋〈近代〉を支配している。ハイデガーはこのような存在把握を特徴とする西洋的発想を可能にしたのはキリスト教であり、キリスト教が今日の技術・理性主義的な「Ge-stell」的世界を根底で支えるものと考えた（『形而上学入門』川原栄峰訳、平凡社、一九九四年）。

「放下」の精神

ハイデガーによれば、キリスト教と近代自然科学が合体することによって西洋〈近代〉、すなわちGe-stell的世界が形成された（『ヘルダーリンの讃歌「ゲルマーニエン」「ライン」』ハイデッガー全集第39巻、木下康光ほか訳、創文社、一九八六年)。ハイデガーがひどく嫌悪したアメリカは、ドル紙幣に必ず印刷されているように「IN GOD WE TRUST 我ら神を信ず」を国是としキリスト教の信仰に基づいて建国された史上最大最強のキリスト教国家、世界最先端をいく科学技術大国である。アメリカはハイデガーにとり「Ge-stell」そのものだった。

世界のあらゆる宗教のうち、神に制作された人間による「神の国」創造への努力を技術的・目的論的に遂行しようとするキリスト教だけが、近代自然科学による「技術」的世界＝「Ge-stell」と親和的に合体できた。ハイデガーはキリスト教に支えられている「Ge-stell」＝「技術」的世界の克服を、古代ギリシャに根をもつ自己否定的な「放下《ほうげ》」的思惟、非経済合理主義的な「役に立たないモノ」としての「芸術」＝「芸術的思念」の中にその可能性を見る。時代を支配する「計算する思惟」への批判、あるいはファウスト的自我に支えられた「Ge-stell」的現代文明に鋭い批判を加えたことで、ハイデガーは後ろ向きの反動的思想家とされることも多い。加えてナチスへの加担という大きな哲学的欠陥をもつとはいえ、その哲学に汲むべきものはけっして少なくない。ハイデガーは言う、こうした世界を救えるのは「哲学」しかないと。

哲学が何かを本質的に問うその問い方はすべて、必ず時代向きでない。それは、哲学がいつもその時代よりもはるかに前の方へと投げられているゆえか、それとも哲学がその時代を、それより以前にあったもの、元初的にあったものへと結び返すゆえである。いずれにしても、哲学するということは、いつでも時代向きにはなされないような知であるばかりでなく、むしろ逆に時代を自分の尺度のもとに置くような知である。……時代向きでないものは、いつかそれ独特の時代を持つようになるだろう。

（『形而上学入門』）

定年退職後における「終わった人」すなわち人間の非「モノ」化は一転、カフカが描いた『変身』（一九一五年）の主人公グレゴールのように、利用価値がない存在として邪魔者扱いされる悲哀を味わい、厄介者扱いされる悲劇に見舞われる。有用的価値観の一元的支配と人間の「モノ」化は、西洋〈近代〉＝「Ge-stell」的世界の必然に生じている。これに対しては根源的な省察や反省が加えられてしかるべきである。ハイデガーは、人間の本質にある「技術」的、あるいはファウスト的、もしくは「煽りのエートス」的な「Ge-stell」的世界に対しては、沈思し「鎮まるStill」ところの「省察する思惟」に基づく「放下《ほうげ》Gelassenheit」の必要性を強調した。

明治以来の日本は、西洋〈近代〉の道を疑うことなくひた走り、経済絶対・科学万能主義の「Ge-stell」的世界の繁栄を享受している。一方で、現代日本に見るように、「Ge-stell」的世界は新自由主義と合体し、西洋近代の〈毒〉と〈闇〉をさらに強め深めつつ、高齢者の孤独・孤立死などの深刻化に力を貸している。ここに求められているのは、経済と科学の圧倒的支配下に人間を「役立つモノ」化する「Ge-stell」的な世界・仕組みから解放する意識の転換、新たな哲学の構築である。

ハイデガーが語る放下《ほうげ》Gelassenheit」とは、西洋近代の「Ge-stell」的世界の対極に立ち、人間存在とその「生」の根源へと向かう東アジア世界の伝統思想の中にあるものだ。自我に固執するファウスト的精神や「煽りのエートス」では、今日の西洋近代、「Ge-stell」的世界を超克することはできない。だがしかし、ハイデガーが強調する、沈思し「鎮まる Still」ところの「省察する思惟」に基づく「放下《ほうげ》Gelassenheit」は、おそらくその任ではない。

「グローバル近代」から「土着的近代」へ

前に紹介したように、経済活動に役に立たない人間を「廃棄された人 wasted humans」と呼んだジグムント・バウマンは、「近代」を前・後期の二つに分ける。前期の「固定化した近代《ソリッド・モダニティ》solid modernity」社会、後期の「液状化した近代《リキッド・モダニティ》liquid modernity」である。前者が明確な秩序と強固な組織をもつ安定した社会であるのに対して、後者は固定的な秩序・組織が融解し液状化した不安定・不明確な社会であるため個人の責任で自己のアイデンティティを獲得しなければならない（『Liquid Modernity』二〇〇〇年）。

バウマンと同じくポーランド出身の社会学者ウルリッヒ・ベック（一九四四―二〇一五）は、産業革命によって一九世紀に出現した産業社会を「第一の近代」、これに対し、一九八〇年代以降の新自由主義、経済のグローバル化に伴う近代を「第二の近代」と呼ぶ。これは近代化による近代化すなわち、近代のラディカル化＝「再帰的近代」であり、そこでは人間が徹底的に

「個人化」されるという点で世界は「リスク社会」に変貌する（『再帰的近代化』松尾精文ほか訳、而立書房、一九九七年、原著一九九四年）。バウマンの「液状化近代」やベックの「再帰的近代」は今日全世界を覆いつくす新自由主義、経済グローバリズムの別称と言いうる。本書で扱ってきた西洋近代は、正しくは「グローバル近代」と呼ばれるべきだろう。ここでは社会的な「つながり」は限りなく融解し人々は「個人化」され、核家族すら分解される結果、とりわけ経済活動に無力な高齢者は家族からも見捨てられるリスクに晒される。豊かで明るさに満ちた「グローバル近代」のもつ〈毒〉と〈闇〉である。

現代を生きる高齢者は、経済的繁栄と科学技術の恩恵を受ける一方で、近代を象徴するファウスト的自我や社会の経済化、あるいはハイデガーの「ゲシュテル」的世界に追い立てられ、バウマンの「液状化近代」やベックの「再帰的近代」、すなわち「グローバル近代」に必然的に生じた非情・冷酷な「リスク社会」という大きな脅威の中で残りの生を営まざるを得なくなった。

グローバルエイジング時代に突入した現代世界において高齢化問題は人類共通の重要課題となっているが、人類生存の危機に対処するため世界各国の科学者・経済学者・経営者らが一九六八年にローマで結成した民間の国際的研究組織「ローマ・クラブ」は、一九七二年、「人類の危機に関するプロジェクト」とする研究報告を有名な『成長の限界』として出版した。ここで人類共通の問題とされたのは人口の爆発的増加とそれに伴い深刻化する環境汚染だった。

シリーズ第三弾となる二〇〇二年の『成長の限界 人類の選択』でも同様に、世界システム（とくに人口と経済）の幾何級数的成長に伴う地球と人類の危機的状況に対し、文明と世界観の「方向を転換」と根本的な「軌道修正」の必要性を強調した。と同時に、これに代わる「新しい見方」あるいは「地球規模でのパラダイム・シフト」を起こすべきことを提唱した。結論部分ではとくに、イタリアの経済学者でローマ・クラブの創設者、アウレリオ・ペッチェイ（一九〇八―八四）の著書（『One Hundred Pages for the Future』一九八一年）を取り上げ、次の言葉を紹介している。

われわれの時代にふさわしいヒューマニズムによって、これまで手をつけてはならないと考えられていた原理や規範であっても、もはや適用できないもの、目的に沿わなくなったものは、新たなものに置き換えるか転換しなければならない。また、われわれの内面的なバランスを整え直すための新たな価値体系と、生活の空虚さを埋める新しい精神的、倫理的、哲学的、社会的、政治的、美的、芸術的モチベーションの出現が促されなければならない。さらに、われわれが持つ愛、友情、理解、結束、犠牲心、陽気さを回復させ、それらの素質をもって他の生命形態や世界中の兄弟姉妹とのつながりを密接にすれば、それだけ得るものも多いということを理解しなくてはならない。（ドネラ・H・メドウズほか

『成長の限界　人類の選択』枝廣淳子訳、ダイヤモンド社、二〇〇五年）

ペッチェイが語るのは、「われわれの内面的なバランスを整え直すための新たな価値体系」であり「生活の空虚さを埋める新しい精神的、倫理的、哲学的、社会的、政治的、美的、芸術的モチベーションの出現」、すなわち人類の精神を向上させ、他の生命や人々との愛と連帯、共存を可能にする「新しいヒューマニズム」の発見・創造である。「新しいヒューマニズム」は、現代文明のパラダイム転換、すなわち人類の諸活動を「行き過ぎ」に導いている西洋近代の「方向転換」と「根本的修正」によってもたらされるとしたのだ。

西洋文明の起源は古代アフリカ・西アジアにあったとして西洋中心主義の見直しを求め西洋主流の現代文明に対し異議申し立てをしたマーティン・バナール『ブラック・アテナ』（一九八七年）の訳者のひとりで南アフリカ文学が専門の北島義信・四日市大学名誉教授は、「西洋近代」による非西洋世界の支配に抗するためには、非西洋世界のそれぞれの国家・民族が伝統・習俗・精神として保持してきた「土着文化」がこれに対置されなければならないとして〈土着的近代 indigenous modernity〉という新たな概念を提示する。

北島が語る「土着的近代」とは、西洋近代に内在する「差別・抑圧・暴力性」や自他の二項対立的把握・「二分法」的思考を拒否する。それは同時に、「近代を包み込み、その歪みを克服し、すべての人々を豊かな人間形成へと導くもの」であり、西洋近代が内包する自己中心主義

「エゴイズムの合理化」、「優劣」「劣者」の分離、「優者」による「劣者」の「同化」を乗り超えることの重要性を示すものであって、西洋近代の対抗概念となりうるものである(「インド・パキスタン、アフリカ英語文学における『土着』と『近代』」、栂正行ほか編『土着と近代』音羽書房鶴見書店、二〇一五年)。

現代文明のあり方に対する疑問や警告としての「新しいヒューマニズム」に道を開き、あるいは「土着的近代」を考える材料として、東アジア世界が共有するものは何か、ということがまず問われよう。東アジアに住む人々が共有する植物身体・植物生命がその一つである。現代世界をヘーゲルの「獣の宗教」的世界、すなわち動物生命・動物文明の一極支配に委ねるのではなく、人間に内在する〈動物的なもの〉と〈植物的なもの〉の相関・共存関係を取り戻すこと。両者の相互主体・相互媒介関係のなかに「新しいヒューマニズム」を構想し〈土着的近代〉を模索するところに、希望のオルタナティブや新たな文明のかたち、よりよき人類文明の未来が開かれていくように思える。

西洋近代の恩恵を文化・文明および個々人の身心に十分すぎるほど摂取し浴び続けてきた東アジア世界——劉建輝・国際日本文化研究センター副所長が言う「東アジア西洋近代受容共同体」——は、一方で西洋近代の〈毒〉に苦しみ〈闇〉迷う現実に直面している。北島の「土着的近代」論は、東アジアが味わい、現にいまも味わい続けているこの苦い体験を出発点とする。西洋近代を《包越》する新たな哲学は、非西洋近代の「土着的なもの」を模索するなかに見出されるのではないか。

アウレリオ・ペッチェイが語る「われわれの時代にふさわしいヒューマニズム」「われわれの内面的なバランスを整え直すための新たな価値体系」や、あるいは「生活の空虚さを埋める新しい精神的、倫理的、哲学的、社会的、政治的、美的、芸術的モチベーションの出現」を「土着的なもの」のなかに求めようという試みは、「老年哲学」と方向性を同じくする。北島が主張する「土着的近代」とは、西洋近代が至上の価値とする前進と拡大の「煽りのエートス」やファウスト的な精神、あるいは動物的・男性的かつ若者的な世界、有用性や効率化に支配された社会などではないからだ。

3 老いて「哲学する」

人生に「意味」はない？

ある日の午後、わたしの地元・三重県に住む「老年哲学」のメンバーで、西洋近代に対して「土着的近代」を造語・提唱する北島義信・四日市大学名誉教授らと、見事なクスノキ並木が続く先に白く青く光る伊勢湾と四日市コンビナートの紅白煙突を見渡せる一一階の喫茶店で雑談していたとき、「老年哲学」との関連でふと閃き、同意をもとめたことがあった。大学時代に愛読したフランスの小説家アルベール・カミュ（一九一三―六〇）の代表作の一つ、「不条理」殺人をテーマにした小説『異邦人』についてだった。

老人の「生き直し」をテーマの一つとするのが、若き主人公が「太陽のせい」でアラブ人を銃殺する『異邦人』（一九四二年）である。この小説は「きょう、ママンが死んだ」と有名な書き出しで始まる。養老院で亡くなった母親に「許嫁《いいなずけ》」がいたことを不審に思う主人公ムルソーは絞首刑宣告後の牢獄で突如、母親のこうした振る舞いが語るものを完全に理解する。「ママンは、死を間近にして、解放を感じ、すべてを生き直してみる気になったのだ」。若くして夫を亡くし不幸で孤独な母親の、死を間近にした唯一の希望は人生の「すべてを生き直す」ことにあった。絞首刑を前に、母親を理解し、自身も「すべてを生き直す気持ちになってい る」のを感じるムルソーがはじめて生も死も善も悪もすべてを無条件に抱擁するこの世界に心を開き、一体化し兄弟のような親近感に覚照したところで小説は終わる。

養老院という新たな環境・人々のなかで「人生の意味」を見つけ、人生を改めて創り直そうとしたムルソーの母親は、彼がカミュの分身であったように、彼女もまた、カミュの母親がモデルだろう、カミュの母カトリーヌ・エレーヌはカミュを出産した翌年、戦役で夫を失い、三〇歳を前に寡婦となった。『異邦人』は、死を前にした老母の「生き直し」を伏線として、誤った人生観に生きる息子に対しても「生き直す」ことを求める小説ではなかったか。

生きること、そして死ぬことも、善も悪も、みなどうでもいいことだと考えるムルソーの人生観は「人生は生きるに値しない」という言葉に集約される。死ねばすべてが終わりであって、すべては「無」＝虚無に帰すからである。ムルソーが犯した真の罪はアラブ人の殺害ではない。彼が犯した最大の罪は「人生は生きるに値しない」と感じ、「三十歳で死のうが、七十歳で死のうが、大きな違いはない」という人生観にある。だからこそ、カミュは彼に死刑判決を下す小説を書いたのだろう。

『異邦人』の半年後に出版され、その哲学的解説書ともされるエッセイ『シーシュポスの神話』（一九四二年）がそれを語る。

四十年の意識的な生涯と六十年にわたる聡明なまなざしとが、不条理な人間の眼に等しいものとして映ることは、（たとえかれがそう願ったとしても）ありえないであろう。……六十歳まで生きられるかもしれないのに四十歳で死んでしまう、——そのとき、その差の二十年間の生と経験は、もはやけっして、他のなにものによっても置きかえられぬであろう。

（『シーシュポスの神話』清水徹訳、新潮文庫、一九六九年）

自分のみならず他者の生をも軽んずる若者、これに対し、死を間近にし生を慈しみ人生を生き直そうとした老人。前者が後者を理解したところで、物語は幕を閉じるのだ。

二八歳のとき「人生にはそれ自体意味はない。しかし意味がないからこそ、生きるに値する」（『シーシュポスの神話』）と書いたカミュは六〇歳のはるか手前、四六歳で自動車事故死した。彼は老年期を知ることなく死んだ。八〇歳とは言わぬまでも、せめて六〇歳まで生きたとしたら、カミュは同じ言葉を繰り返しただろうか。惜しまれてならない。

老年期の哲学「永劫回帰」思想

大学の「哲学と死生観」講義では、古代ギリシャのソクラテス・プラトン・アリストテレスからはじまって、スピノザ、ヘーゲル、ニーチェ、ハイデガーら哲学界の巨人たちの生と死に関する言葉を取り上げているが、「理解できない」と評判がよくない思想がある。ニーチェの根本思想「永劫回帰」である。ニーチェはこう言っている。

もし或る日、もしくは或る夜なり、デーモンが君の寂寥きわまる孤独の果てまでひそかに後をつけ、こう君に告げたとしたら、どうだろう。――「お前が現に生き、また生きてきたこの人生を、いま一度、いなさらに無数度にわたって、お前は生きねばならぬだろう。そこに新たな何ものもなく、あらゆる苦痛とあらゆる快楽、あらゆる思想と嘆息、お前の人生の言いつくせぬ巨細のことども一切が、お前の身に回帰しなければならぬ。しかも何から何までことごとく同じ順序と脈絡にしたがって、……くりかえし〳〵巻き戻される」……何事をするにつけてもかならず、「お前は、このことを、いま一度、いな無数度にわたって、欲するか？」という問いが、最大の重しとなって君の行為にのしかかるであろう！

（『悦ばしき知識』信太正三訳、ニーチェ全集8、理想社、一九六二年）

人間に不幸や災いをもたらすデーモン（魔神・悪霊）が人間たちに要請したのは、日常生活の行動、その日々の全瞬間において、これを何度も永遠に反復してよいと願わないではいられない生き方をせよ、という厳しいものだった。こうした生の絶対肯定に「運命への愛 amor fati」が生じる。わが身に降りかかるあらゆる運命の必然を全肯定しこれを愛するとき、そこに真に自由の世界が開かれるというのだ。これを聞いた学生たちの多くは「同じ日、同じことを永遠に繰り返すことなどできない。とても無理だ。この思想はおかしい」と疑問と不審、少なからぬ拒否反応を示す。

永劫回帰思想は、言ってはみたもののおそらく、ニーチェ自身も持て余してしまうような思想だったのではないか。なにしろニーチェという哲学者は、超人思想などその典型例だが、自分ではとてもできそうもないことを、弱い自分を自身で叱咤し励ますべく、過大で過激な言葉で語ろうとする癖があった。「女のところへ行くなら、鞭を忘れるな！」（『ツァラトゥストラ』第一部「老いた女と若い女」）など威勢のいい強気なことを言っておきながら、女に迫ってはいつもフラれる――たとえば、女流作家ルー・ザロメやワーグナーの妻コジマなど――というい情けないところがあった。バートランド・ラッセルなどはニーチェの「誇大妄想」癖に触れるなかで「女に鞭でぶたれるのはいつもアンタの方だろう」とからかっている（『西洋哲学史』一九四五年）。

思うに、「永劫回帰」思想は、若者や働き盛りの社会人のための哲学でも、彼ら向きの哲学でもない。むしろ、労働（国民の権利義務）や子育て（親権者の監護教育義務）から解放され、ヒマと時間を持て余す老年期に生きる人間のための哲学である。働き盛りの四〇半ばで錯乱し精神病院で五五歳で亡くなったニーチェは、老年期を経験することなくこの世を去った。正気を保って老年期を迎えることができたとすれば、ニーチェは「永劫回帰」思想を真にわがものとすることができたであろうか。

『ツァラトゥストラ』（第一部「三様の変化」）でニーチェは、人間の精神的成長の順序をこう言っている。人間は、忍従し屈辱に耐える「ラクダ」から、強靭な主体的自己を主張し世のすべてに戦いを挑む「ライオン」を経て、最後に無垢無碍で自由の境地に遊びつつそこに新たな世界を開き新たな価値を創造する「幼子」となるところで完成する、と。青少年時代のラクダ、壮年時代がライオンとすれば、老年時代には再び・改めて「幼子」に戻ることが要請される。いま現に体験し、あるいは過去に体験してきたすべてを「これでよし！」と絶対肯定する精神を、ニーチェは老年期の人間に求めたのだと解せられる。ヒマと時間を持て余す老人に限らず、老年期に入ったすべての人間にそれは求められる。過去・現在・未来を丸ごと肯定し自由無碍の境地に遊ぶところで人間は完成する。ここに生は死と連続する。こうした人間に死は存在しない。

読売新聞（二〇一八年四月一日付朝刊）の人生相談欄に、次のような相談が寄せられた。私が住む地元・三重県の五〇代の女性の相談だった。

《五〇代の女性。誰も信じられず、愛せず、心を開かずに生きてきました。悲しみと後悔が残ります。両親はともに精神障害がありました。生後すぐに母が自殺し、幼い頃は、今は亡き父の発作が恐ろしかったものです。小学生で祖父も自殺し、祖母に育てられました。一〇代の頃、男子生徒にいじめを受けて不登校になり、中退。引きこもりを経て、二〇代で就職しましたが、職場の既婚男性にセクハラを受け、退職しました。親に捨てられて幸せな家庭を知らず、結婚に夢を抱けませんでした。男性にも恐怖や嫌悪、不信感しかなく、女性として積極的な行動は何もしませんでした。結婚して子どもを育てるのとは違った人生にしたかったのです。しかし、うつ病になり、生活保護を受けながら治療を続けています。友達も離れていきました。私の五〇年は一体、何だったのでしょう》（三重・S子）。この女性は自分の人生の徹底した「無意味さ」に打ちのめされている。死の間際、おのれの人生の「徹底した無意味さ」に絶望して死んでいったトルストイの小説の主人公イワン・イリッチのように。

生活保護を受けていることを考えると、自身の過去といまの孤独に悩むこの女性は現在も無職で独身で、労働や子育てからは解放されている。やるべきこともなく、空白の日々、そして当てのない寂しく孤独な未来がただ目の前にある。老年期と言うには少し早いのだが、ニーチェ「永劫回帰」思想はここに適用されるべきだろう。――自己のみじめな過去に向き合い、目をそらすことなくこれを直視する勇気と覚悟、過去をあえて肯定する強さをもつこと。これらは自らの内なる心に生ずることもあるが、知恵ある人に尋ね、本を読み、昔の賢人たちに学び、じっくり考えるところにいつか、必ず出現するはずのものである。そして自らの心に向け、小さな声でこう語るのだ。「今のわたしは昔の弱い自分ではない。人生に鍛えられた知恵もある。振り返るのが怖い、できない、恥ずかしい過去がふたたび繰り返されても、今度はこれをきっとはね返してみせる」と。

こうして過去を「生き直す」ことこそ、やるべきこともなく余りある時間を持て余す老年期に行うことができる。現実を直視することを介し、死んでいった両親・家族、友人・知人らを思い、「いまこうして、ここに生きている」と感謝を捧げる日々があれば、なおよい。この女性とは対照的な華やかな人生の成功者であるイリッチが人生の最後に気づかされた自分の生活の「徹底した無意味性」について、ナチスによってアウシュヴィッツ強制収容所に送られて両親・妻を殺害され一人奇蹟的に生還することができたオーストリアの精神分析学者ヴィクトール・E・フランクル（一九〇五―九七）はイリッチを例に、人間は最後の瞬間であってもこうした人生の「徹底した無意味性」に気づくところに救いがあると語る。

彼の生命の最後の時間になお、自分自身を遙かに超えて成熟し、内的な偉大さに達するのであり、それは逆行的に彼の今迄の全生活を――それが一見むだのようなものであるにもかかわらず――或る意味に充ちたものにまで昂《たか》めるのである。……生命は失敗においてすら充たされうるのである。

（『死と愛』霜山徳爾訳、みすず書房、一九五七年）

「永劫回帰」思想は、若者や働き盛りの社会人向けの哲学ではない。むしろ、人生を振り返る時間を豊富にもつ老年期により適合する。すなわち老人としてではなく、再び人生のスタート地点たる〈幼子〉に振り戻って、みじめで、あるいは失敗の人生を「生き直し」「学び直す」ということがフランクが語った「自分自身を遙かに超えて成熟し、内的な偉大さに達する」を可能にする。このようなことこそが、ニーチェ「永劫回帰」思想が求めたものではなかったか。

怒り狂う最期

現代を代表するイギリスの詩人の一人で生と死と性の根源に迫ったとされるディラン・トマス（一九一四―五三）の有名な、病気で死の床にある父デイヴィットのために書いた詩「DO Not Go Gentle Into That Good Night」（一九五一年）は、西洋的な死生観を示すものと言っていい。

あの快い夜へ おとなしく入っていってはいけない

老人は日の暮れ際に燃えさかり荒れ狂うべきなのだ
光の滅びにさからって　荒れ狂え　荒れ狂え
（『ディラン・トマス全詩集』田中清太郎・羽矢謙一訳、国文社、一九六七年）

デカルト以来、西洋世界では生と死は厳然と二分され、互いに対立し反発する。死は、生にとって最大究極の「敵」にほかならない。死を「Good Night 快い夜・良き夜」と表現するこの詩に汎神論的な霊の不滅を見て死を無限肯定したのだとする研究者もいるが、これは生を絶対善と見て、死を「生の敵」とみる西洋特有の死生観を表すものだろう。抵抗することなくおとなしく死に赴くな、怒れ、燃え尽きて滅びよ、と叫んでいるからだ。

夏目漱石とともに明治を代表する文豪・森鴎外の最期は、日本的なあっさり・きっぱりとした諦観を静かに語るものとして称賛されることがある。幕末に生まれ、旧時代の伝統と西洋教養のはざまに生きた軍医総監・森鴎外（一八六二―一九二二）が死の三日前、親友に筆記させた遺書が残っている。日本的な静かな諦観に貫かれているとして有名だ。現代文に直してみよう。

死は一切を打ち切る重大事件である。いかなる国家権力・権威といえどもこれに対抗することは不可能である。自分は森林太郎という一個人として死にたい。国や陸軍はみな縁故あるとはいえ、死ぬときはあらゆる外形的処遇を拒否する。単なる一個人の森林太郎として死にたいのだ。墓には森林太郎の墓という以外、一字も彫ってはならない。宮内省や陸軍の肩書・勲章などを彫ることは絶対やめてほしい。これだけはぜひ言い残して置きたかった。これに関してはどんな人であれ口出しすることを許さない。

死に臨み、あらゆる地位や名誉など世間的外形・虚飾を剥いだところに鴎外の人間的偉大さがある、ここにあるのは「個」としての自覚、すなわち西洋にみる近代的自我（アイデンティティ）が確立されている。一般的な解釈ではこうなるのだろう。なかでも「余ハ石見人森林太郎トシテ死セント欲ス」「墓ハ森林太郎ノ外一字モホル可《ベカ》ラス」という措辞への評価はきわめて高い。――鴎外は自分に割り当てられた「舞台」で華やかに演じてきたさまざまな「役割」を降りて「生まれたときと同様にただの人間、役割をもたぬ人間」、すなわち「真の自己」に戻ろうとした。所属していた官僚組織のもろもろの偽善に対し、遅ればせながらついに「否《ノン》」を発したのだ。「否定による主張」によって鴎外は「より大きな自己」の次元に近づき得た。それは「静かな、制御された容認の態度」である（加藤周一ほか『日本人の死生観　上』岩波書店、一九七七年）。

こうした通説に対し、少数派ながら、遺書は鴎外の強烈な虚栄心の発露であったとする説がある。母親に言われるまま容貌を理由とする最初の妻への理不尽な離縁、ドイツから単身来日した恋人エリスへの冷たい応接、論敵に対する姑息で卑怯な論理展開、軍医として死者三万人の犠牲を出した脚気問題と責任回避のデタラメさ、終生消えることのなかった功名心やコンプレックスなど——これらを考慮すると、遺書を文言通り理解することはなかなか難しいというのだ。遺書は、爵位（男爵）を心から欲していた鴎外が、受爵できなかった場合の屈辱に備えた保身・自己弁護の産物だったとされる（大谷晃一『鴎外、屈辱に死す』人文書院、一九八三年）。

この説と同じく、自分の名誉心のために脚気細菌説に固執し、脚気によって多くの将兵を殺して少しも恥じることがなかった鴎外を「非医」と厳しく断罪する医学研究家の志田信男・東京薬科大学名誉教授は、死の床に伏していた鴎外が「袴《はかま》」を穿いていた事実（弟子の永井荷風・小島政二郎らの証言）に注目する。病床で袴を着けていたのは叙爵の使者を待ち受けていたからだと推測する。すでに同僚の多くが受爵しており世間でも鴎外の男爵授与が噂にのぼり、新聞でもまもなく受爵という観測記事も出た。こうした状況下、万が一このまま叙爵の沙汰なく死んだ場合、体面は丸つぶれではないか。恥をかく最悪の状況から自らの名誉を救うために考え出されたのが、この遺書である（『鴎外は何故袴をはいて死んだのか——「非医」鴎外・森林太郎と脚気論争』公人の友社、二〇〇九年）。旧時代の人間として「儀容《ぎよう》（礼儀・作法にかなった姿）整《ととの》はざるときは、人の錯《あやま》りて其品性をさへ見下《みくだ》すことあるべき」（『知恵袋』一八九八年）と書き礼儀作法を重んじた鴎外が、使者に対して礼を失しないよう袴を穿いて待っていたとするなら、こうした説は十分な説得力をもつ。

鴎外は生前、遺書を三度書いた。最初は一九〇四年に日露戦争に従軍する時、次は一九一八年、最後が死の三日前のもの。一回目と二回目の遺書は、遺族への財産分与だけが書いてあって、死に際しての思いや思想・感情は一切語られていない。最後の遺書は、死が真に迫ってきた切迫感が影響しているとも考えられるが、激しい語調はそれまでのものとはまったく異質で、尋常ではない、怒りの感情に近いものがある。人生への達観、あるいは「静かな、制御された容認の態度」というように、日本人がもっとも理想とする心境の表白であるとされてきた鴎外の最期。もしそれが、名誉欲や虚栄心、怒りなどに由来するものであれば、これを「静かな、制御された容認の態度」とするのは当を得ない。

ディラン・トマスの詩にあったように、死を前にした鴎外の最期に見るのは「静かな、制御された容認の態度」などではない。燃え滾《たぎ》り、荒れ狂う「怒り」ではなかったか。還暦の六〇歳で死んだ鴎外に必要だったのは爵位などではない。「よき友よ、君は、できるだけ多くの金銭を得《え》たいとか、評判（名声）や地位（栄誉）のことばかり気にして、智慧や真実には気を使わず、自分の魂（こころ・いのち）をできるだけ善くしようという気持ちがないことを、恥ずかしいとは思わないのか」（プラトン『ソクラテスの弁明』）。

老いて死ぬ鴎外に必要だったのはソクラテスの言葉である。

「人生の日曜日」

若き日、ヘーゲルの『精神現象学』との出合いから哲学への道に進むことを決めたフランス構造主義哲学者ミシェル・フーコーは、「労働」が価値の尺度となった一九世紀以降の人間を《労働する人間》と形容した（『言葉と物』一九六六年）。ここでの人間は「さし迫った死から逃れる」ため、労働することでその生涯を過し擦りへらし失っていく人間であり、宇宙の無限性・無際限の時間性からは決定的に疎外されている有限の存在である。近代社会が作りあげてきた労働する人間（近代的主体）はいずれ「波打ちぎわの砂の表情のように消滅するであろう」。

労働——つまり経済活動——が世界の歴史に姿をあらわしたのは、人間が土地から自然発生的に生じたものを糧とするにはあまりにも数おおくなってしまった日以後のことにほかならぬ。……彼らの企てる労働は、ますますその数を増し、より高いところに求められ、困難さをくわえ、ただちに実を結ぶことのますますすくないものとならざるをえない。必要な生活の資がより近づきがたいものとなっていくのに比例して、頭上に張りだしている死はより恐ろしいものと思われ、それだけ労働は、密度をまし、いっそうの生産力を獲得するためあらゆる方法を駆使せざるをえなくなる。……人間が世界の中心に身をおけばおくほど、自然の所有の度合いをさらに強めるだろうが、一方では有限性によってますます強く圧迫され、彼自身の死にいっそう近づくのだ。
（『言葉と物』渡辺一民ほか訳、新潮社、一九七四年）

〈労働する人間〉に近代的人間の特徴をみるフーコーは、ここに人間は「終焉」し「消滅」すると考えた。戦後の高度経済成長期以降の「会社社会」――一億総サラリーマン化した「ビジネスで結ばれた共同体」――のなかで現代の日本人は生きている。近代日本では、労働一般は無条件に神聖なもの、人生に必要不可欠なものとされた。一方で会社の仕事に追い立てられてノルマに縛られ過剰な残業をこなし、あるいは会社に欠かせない有用な人材とおだてられ「全身会社人間」の自負と悲哀のうちに、人間らしさを「有限性」のなかに消滅させてゆくのをどう考えればいいのだろう。

人間は、通常の生活において日々の労働、職業生活、その他もろもろの雑事雑用に追われ翻弄される。世間の〈有用性〉や〈有用価値〉的枠組みに拘束され、その中に埋没する。こうした世界から人間を解放してくれるのが「生活（人生）の日曜日 Sonntag des Lebens」としての「哲学」である。ヘーゲルは一八一八年一〇月、四八歳で念願のベルリン大学の哲学教授に招聘されたときの就任演説でこう述べた。

哲学との交《まじ》わりは生活の日曜日とみなされるべきである。普通の市民生活のなかで、人間が有限な現実のなかへ没頭している外面的生活の平日の仕事、必要に迫られての諸関心事——と、人間がこの仕事をやめて、目を地上から天へ向け、彼の本質の永遠性、神性を意識する日曜日、この両者に時間が分けられているというのはもっともすばらしい制度の一つである。人間は週を通じて日曜日のためにはたらくのであり、平日の労働のために日曜日をもっているのではない。(「ベルリン大学における哲学教官にさいしての告辞」波線は引用者、ヘーゲル全集1、真下信一・脇坂光次訳、岩波書店、一九三二年)

ヘーゲルは言う。人間の理性はみずからの存在のために「もっと広々とした、もっと多種多様な現実を必要とする」。しかし、より肝腎なことは「精神が現実の有限性のうちに沈淪《ちんりん》したままでいないこと」だ。現実の有限性にとらわれて生きるだけではいけない。天を仰げ。「目を地上から天へ向け、彼の本質の永遠性、神性を意識」せよ。

定年退職した高齢者の日々は「毎日が日曜日」状態となる。強制に似た空白状態の「無の日々」が連続する。ここにヒルティ『幸福論』の「人生において最も堪えがたいものは、悪天候の連続ではなくて、むしろ雲一つない日の連続である」が真実を告げる言葉となる。毎日、とくにやることはない。刺激もない。心躍る出来事も果たすべき仕事もない。タテ社会の「会社社会」はあっても、フラットなヨコ社会の形成すなわち「市民社会」が存在しない・形成されていない現代日本にあっては、定年退職後のサラリーマンは自己に閉じていくしかない。

近代文明に生きる人間存在をハイデガーは「労働する動物」、すなわち「大地の荒廃の荒れ野をさまよい行く労働する生物」と定義する（「形而上学の超克」一九三六―四六）。ハイデガーの見るところ、際限なき進歩信仰にふち取られた西洋〈近代〉の根源にあるのは、古代ギリシャ以来とくに唯一絶対の神の栄光のため人間を含むあらゆる存在物を「役に立つもの」と見ることを可能にしたキリスト教の世界観である。さきに詳述したように、すべてを有用性に置き換えることを可能にした近代文明を、ハイデガーは「Ge-stell」という言葉で表現した（講演「技術への問い」一九五三年一一月一八日・ミュンヘン工科大学）。彼がこの言葉で語っているのは、日常性に埋没・頽落し道具的存在や事物的存在に甘んじている非本来的人間「das《ダス》・Man《マン》」すなわち「労働する動物」から、真の実在として生きる本来的現存在「Dasein《ダーザイン》」への転換要請である。ヘーゲルは学生に向かって人間が「目を地上から天へ向け、彼の本質の永遠性、神性を意識する」必要を説いた。「有限な現実のなかへ没頭」している存在から「目を天上に向け」る存在者への転換要請である。

高齢者に必要なのは、地上への関心をせいぜい半分にとどめ、残り半分は目を天へと向け、永遠なる大宇宙に思いを馳せること、すなわち地上的価値を超えたものへの思索が要請されよう。カール・レーヴィット（東北大でも教えたドイツの哲学者、ハイデガーの弟子、一八九七―一九七三）は哲学の必要をこう語る。

存在するものの全体に関する最高の知識としての哲学は、そのまなざしを星空の天界——哲学のつとめは、この目に見える世界の隠れた真理を探究することであるが——へと向けることによって、地上と地上的なる一切のものと、人間にもっとも密接なる環境世界とを超越するのである。

（『近世哲学の世界概念』佐藤明雄訳、未來社、一九七三年）

ヘーゲルやレーヴィットの「天を仰げ」との要請は、二五〇〇年前、古代ギリシャの哲学者が語った「天の観照（theoria《テオリア》）」以来の伝統を踏まえるものだろう。アリストテレスは言う。——この地上の生物のなかで、最も高貴なのは人間である。自然や神がわれわれ人間を生ぜしめた目的とは、いったい何なのか。ピュタゴラス（古代ギリシャの哲学者、前五六九頃—前四七〇頃）は、「天を観照（theoria）することである」と答え、自分がこの世に生まれて来たのはまさにこのためである、と言い切るのをつねとした。アナクサゴラス（同、前五〇〇頃—前四二八頃）もまた、人はいったい何のために生まれ、何のために生きるのか、と問われた時、「天を観照し、そのなかの星々、月、太陽を観察するためにである」（その他のすべての事柄は何の価値もないという意味で）と語ったと伝えられている。彼らに従えば、人はすべて認識し観照するために、神によってつくられたのである。観照する行動は、何にもまして喜びに充ちたものでなければならない（『哲学の勧め（プロトレプティクス）』アリストテレス全集17、岩波書店、一九七二年）。

彼らが語る「天」は古来、永遠性や超越性、高貴性、無限不変の絶対的実在といった神性・聖性を帯びるところにおいて、信仰の対象となった。しかしミルチャ・エリアーデによれば、天空に対する信仰は現実生活に追われるなかで、信仰心はふだんの生活と密接に結びついた「日常的な必要を支配している力」へと目を向けるようになっていくという。「生活の厳しさは天上より地上のほうにどうしても眼をむかせること、そして天空の重要さをみいだすのは、死が天から人間を脅かしているときになってからだということである」(『太陽と天空神』久米博訳、エリアーデ著作集第一巻、せりか書房、一九七四年)。天空を仰ぐことを忘れ、ひたすら地上に目を注ぎ、「会社」教の信者と化し、「仕事」神のみを信仰してきた戦後の日本人は、「死が天から人間を脅かしているときになってから」でさえ、ただひたすら地上に眼を注ぐことしかできないでいる。

天を仰ぎ、天に眼を向けることを忘れてしまったこと——ここにわれわれ現代日本人の、とくにそうであるべき老人の大きな不幸があるように思える。われわれ日本人の人生と生活には、ヘーゲルが語る「日曜日」がない。

老いと「哲学」

学生から哲学とは何か、と問われたとき、次の詩を紹介することにしている。かつての日本人がそうであったように、自然と一体となって生きるアメリカインディアン・プエブロ族(アメリカ南西部に住む先住民、ネイティヴ・アメリカン）は言う。

木になってると、とても気持ちのいい日々がある、
あらゆる方向が、一度に見渡せるからだ。
岩になってるほうがいいような日々もある、
口を閉ざして、何にも見ずに。
日によっては、できることはただ一つ
それはライオンのように猛烈に戦うこと。
それからまた、鷲になるのも悪くない理由がある。
ここでの人生があまりにつらくなったとき（When life becomes too hard here）
鷲となって天空を飛翔して
いかに地球がちっぽけかを
上から見ることができるからだ。
すると彼らは大笑いして、巣にまた戻ってくる。
（前掲、ナンシー・ウッド『今日は死ぬのにもってこいの日』）

哲学は現在とは別の、もう一つの「生」がありうることを啓示する。哲学は、周囲を終日静

かに見渡すだけの「木」や不条理に耐えただひたすら黙然と存在するだけの「岩」、おのれの弱さに鞭打って怖さに立ち向かう「ライオン」、日常世界をはるかに飛び越えて宇宙の果ての高みから地上を見下ろす「鷲」――これらになる方法を教える。人間だけが木や岩、ライオン、鷲になることができる。生き方を選ぶことができる。

政府が提唱する「生涯現役社会の実現」「一億総活躍社会」や「働き方改革」、あるいは六五歳から七〇歳への定年延長などは、一見すると高齢者のための政策だが、背後にあるのは経済成長のための労働力の必要でしかない。働くことで健康を維持し少しでも年々増加する高齢者医療費を削減しようという政治的思惑もある。必ずしも真実に高齢者を思っての提言・政策ではない。老年期に入った人間は「仕事が生き甲斐」などと、いつまでも「仕事」や「労働」にしがみつき、現代日本を支配する「会社社会」「企業文化」への再突入などを目指すべきではない。老年期に働かざるを得ない人もけっして少なくない。ただ現実は、老後の貧困化や少ない年金を補充するため、必要に迫られて働きに出ているだけなのだ。

日本の企業・組織に垢のように張り付くパワハラやセクハラ、長時間労働の強制など数十年に及んだ労働からやっと解放され、企業社会から離れ、あるいは子育ても卒業し心身ともようやく自由を得たのに、またふたたび「労働」の場へと引き戻る、あるいは引き戻す愚は避けられねばならない。長い老後「人生一〇〇年時代」の到来は、労働や子育てによって忘れられた人間的成長、人生の幸福に向かって全精力を捧げる時間となる。哲学を学び、「修己《おのれをおさめる》」あるいは「修身《みをおさめる》」のための時間、人間形成の総決算としての老後である。

　ここに求められるのは、「終活」などではない。生き直し・学び直しのための「〝生〟活」である。「万物流転《パンタ・レイ》」を説いた古代ギリシャの哲学者ヘラクレイトスは「なべての物は流れ、万物は〝ある〟ものではなく、不断に〝なる〟ものである」と言った。オーストリア出身の理論生物学者L・フォン・ベルタランフィも「生物の形態は、在《あ》る（sein）というよりむしろ成《な》る（werden）である」（『生命――生態論の考察』一九四九年）と言う。昔の賢人は、これを「修己・修身」という言葉であらわした。「修己・修身」が求められるのは、学校での勉強や遊び、生きるための労働や恋に忙しい少年少女や若者などではない。労働や子育てなどの義務から解放され時間が余りある老年期の人間たちだろう。「人生には完全に裸で純粋な瞬間が二度しかない。誕生のときと、死のときと」（シモーヌ・ヴェーユ『重力と恩寵』一九四八年）。生まれたばかりの赤子、死につつある老人のどちらも、限りなく弱い「個」として、他者に周囲に〈いのち〉を預け託することを余儀なくされる。両者がたとえ、家族や他者の世話になりたくない、周囲に迷惑をかけたくないと踏ん張っても、世話になり迷惑をかける存在であるのは変わりがない。高齢者になっても近代固有の高い自我意識・プライドがこれを邪魔するのであれば、そんなときは赤子の無邪気を装うか、認知症を仮装して無様さに徹すればいい。

　カントは「老年哲学」のヒントになりうる名言を残している。「道徳は本来、我々はどうすれば自分を幸福にするかについての教えではない。どうすれば幸福を受けるに値するか、ふさわしくなるべきかについての教えである」(『実践理性批判』「純粋実践理性の要請としての神の存在」、一七八八年)。これをなぞれば、「老年哲学」は、自分個人の幸福やどうすれば家族・周囲の世話になり迷惑をかけることを避けることができるかについての思想・教えではない。そうではなく、「老年哲学」は、家族・周囲に世話になり迷惑をかけて当然であるという情けなくも弱いおのれの「個」を甘受し、どうすれば世話と迷惑に値する存在になりうるかということについての思想・教えである。それは「修己」「修身」への実践的行動を意味しよう。

老年期になすべきことは「哲学」を学ぶことにある。それは学者がするような知識・学知としての哲学の学びではない。冒頭「はじめに」で語ったことを改めて繰り返すことになるが、直面する現実社会を前に〈強い個〉として立ち向かうべく「人生いかに生きるべきか」を問うのが青年期であるとするなら、労働と子育てから解放された老年期は、〈弱い個〉の自覚と他者の世話になるという覚悟の上に改めて「人生いかに生きるべきか」を考える時間である。現代世界を支配する競争・成長・効率化の〈ビジネス文明〉のなかに再び舞い戻って、次世代の職場・ポストを奪いかねない「労働」などにあるのではない。労働は人間の「活動したいという先天的あるいは後天的な身体的衝動」に由来するところが大きい。しかし老人にあっては「人生いかに生きるべきか」を知るために哲学を学び、経験知を加え、さらによく生きるための知恵を磨き、他の人々との関わりのなかに自らの人間的成長を期し、〈ビジネス文明〉とは異なる生き方や価値を発見し、より良き未来の創造に参与する。こうした意味における「学び直し」、あるいは「生き直し」が必要とされる。

自らを成熟へと導き、天地万物・永遠なる宇宙に息づく〈いのち〉を感受するための哲学の学び、すなわち「哲学する」こと。より良く生きるために、より良き社会への希望を抱きつつ、現状に甘んじることなく、一日一日があの世に旅立つその日まで生涯にわたって休むことのない絶えざる「学び」。同時にそれは、自己の世界に閉じていく学びではあってはならない。いみじくもエマニュエル・レヴィナスが「存在論的次元に先き立って倫理的次元が存在する」(『全体性と無限』一九六一年)と語っているように、われわれを取り囲む世界とのつながりの中で、他者と共により良く生きるための学びでなければならないだろう。高齢者たちによるこうした学びが幾世代も繰り返されるところに、人間が真に生きるにふさわしい未来というものがあり得よう。

「弱さ」の哲学

第三回「老年哲学」会議(二〇一八年一一月)からの帰国後、思いつくことがあり、以前から手元にあった論文を改めて読み返した。論文というのは、大学時代を含め学究的生活をまったく経験することのなかったわたしにとって、学問への道を開いてくれた恩人の一人でスウェーデンボルグ研究の第一人者・高橋和夫氏から数年前、紹介されたことのある船木祝・札幌医科大准教授が書いた「弱さの倫理」である。老年哲学と深いかかわりをもつ考察であり、本書の結論部分を補足・補強し敷衍《ふえん》してくれる優れた論考であると思われるので、少し長くなるがぜひ紹介したい。船木は論文「弱い立場の人々を支える社会の倫理についての一考察――「強さの倫理」と「弱さの倫理」――」（『人体科学』25号⑴、二〇一六年）でこう言っている。

認知症高齢者・終末期医療が専門の大井玄・東大医学部名誉教授は、個人が原子化された西洋の「アトム的自己」に対し、アジア・アフリカなどの相互依存・協調的な「つながりの自己」との対比において、西洋が要求する「個人の自立」を重視する見方とは異なる相互依存的な見方を検討することが、社会的に弱い立場に置かれている人々を支えるうえで重要な課題となるとした。同様に、精神医学者・医療哲学者の平山正美は「強さ」のみを強調し「弱さ」を蔑視する社会への疑問と危惧を表明し、現代世界を支配する「強さの倫理」に対しては「弱さの倫理」が求められるべきことを語っている。

米国の医療倫理学者ダニエル・カラハン『The Troubled Dream of Life』（二〇〇〇年、邦訳『自分らしく死ぬ』岡村二郎訳、ぎょうせい、二〇〇六年）もまた、現代の「自立志向」偏重、すなわち「依存からの超越」という生き方の弊害をこう指摘する。「自立 independence」を一方的に強調する社会ではかえって「死の恐怖」と「自分自身をコントロールできなくなる恐怖」が蔓延する。自分の運命をすべて自分でコントロールしようとする志向をあきらめ、これとは異なる「別の生き方」が必要となる。人間の条件とは「壊れやすい脆さ fragility」に存在する。現代社会には「依存 dependence」を恐れる風潮が浸透しており、しかも自立に促す目標設定が

「他人の生活や負担」を拒否する風潮を強めている。人が生涯において一人でできないことに関しては他人に依存することはけっして〝汚点〟ではないという思想を獲得することが重要だ。同時にこうした思想を育てる生涯教育が必要である。

船木はハイデガーへの強い影響が指摘されるドイツの哲学者マックス・シェーラーが一九一三年に発表した論文「徳の復権 Zur Rehabilitieung der Tugend」を引用する。シェーラーによれば、近代文明を支配する快楽主義と「自己責任」思想が人と人との結びつきを分断し、人間を「孤立化、孤独、不確かさ、共同体や伝統や自然からの疎外、憂慮、生の不安」へと導く。そこに出現するのは、自己と自己の意志のみを頼りにし「自己尊敬」と「非依存型」の獲得に努力する一方で、他者の不幸や弱さに無感覚で鈍感な「緊張」型社会である。人間を孤立・孤独から救い、世界や他の人々との結びつきを回復させるには「緊張緩和の道 Weg der entspannung」をとる以外にない。これを可能にするのは、他者との競合に翻弄される思考から自らの内省へと方向転換する態度であり、自己の存在に対する「謙虚 humilitas」な姿勢、自らの「小ささ」を自覚する態度である。「自己の思い誤った正しさ、品位、功績、人からの尊敬」といったものを思い切って手放すことが肝要である。とくに孤独感や寂しさに襲われやすい高齢者の間でこうした「弱さの倫理」を実効あるものにするためには、医療・福祉従事者、周囲の関係者、市民の間で自由な言葉の交流を可能とする環境づくりも重要となる。

自立や自己決定を強調する「強さの倫理」の支配下にある現代文明に対し、船木が洞察した「弱さの倫理」は、さきに言った「高齢者になっても近代固有の高い自我意識・プライドがこれを邪魔するのであれば、そんなときは赤子の無邪気を装うか、認知症を仮装して無様さに徹すればいい」としたわたしの主張と重なる。経済分野に特化した現代の新自由主義が優勝劣敗・弱肉強食の「強さの倫理」を振り回し、それに乗ずるかのように自立や自己決定を強調し「自己責任」論が幅を利かせる現代日本において、船木が語る「弱さの倫理」こそ、超高齢社会にある現代日本に光を与える有力な哲学の一つ、近代に必然する〈闇〉と〈毒〉への対抗倫理となると思われる。

丸山眞男の盟友として知られ日本の近代化について考察した近代主義者、アメリカの社会学者ロバート・ベラーは「倫理的な近代」を諦めないと語ったというが、現代を生きる老人たちが現代世界を主導する「強さの倫理」ではなく「弱さの倫理」の体現者として、これを倫理的、哲学レベルに洗練させることが求められる。

現代文明が〈強い個〉を前提として成立するのに対し、老人と子どもは、他者に頼らざるをえない〈弱い個〉として存在する。〈強さ〉と共同歩調をとる現代世界がさまざまな矛盾や歪みを顕現させている今日にあって、ここに求められこれを救いうるのは老人と子どもに共通する〈弱い個〉の論理、〈弱さ〉の哲学である。それにはまず老人が生まれ変わらなければならない。自覚的・覚悟的に〈弱さ〉の哲学を学び、〈弱い個〉を生きる主体となれるのは子どもたちではなく、老人たちだからである。

自己開展する存在者へ

フランスの思想家ルソーは「人生の各時期にはそれを動かすそれぞれの原動力がある」と言った。「一〇歳の時には菓子に、二〇歳の時には恋人に、三〇歳の時には快楽に、四〇歳の時には野心に、五〇歳の時には利欲に引っぱりまわされる。いつになったら、人間は知恵だけを追うようになるのか」（『エミール』一七六二年）。ルソーに従うなら、老人がなすべきことはより良く生き死ぬための「知恵」すなわち「哲学」を学ぶことでなければならないだろう。

両親と妻を殺されながら奇跡的にアウシュビッツ強制収容所から生還することができたヴィクトール・フランクルは、人間の究極的問題とは「どのように死んでゆくのかを知るその方法にある」と指摘する。「哲学する」ことの真髄は、「死を知ること——即ち、どんな態度で死んでゆくかを理解することである」（『現代人の病——心理療法と実存哲学』高島博ほか訳、丸善、一九七二年）。そして言う。ナチスの収容所では、「primum vivere deinde philosophari（まず生きよ、それから生について思索せよ＝見るまえに跳べ）」というラテン語の教訓は役に立たない。収容所で有効なのは、むしろこの教訓とは逆だ。それは「primum philosophari deinde mori（まず哲学せよ、それから死ね）」という教訓である。これ以外に有効なものは何もない。究極的な意味の問いを自分自身で明らかにすること、こうすることではじめて、顔をあげ背筋を伸ばして前に向かって歩くことができる。神が要求する殉教者の死を立派に遂げることができるのだ

（「強制収容所における集団心理療法の体験」一九五一年）。

いつ訪れても不思議でない不可避の死、ヤスパースの言う「限界状況」に直面しつつ生きる老いた人間がなすべきことは、「哲学する」ことである。それは学びとしての哲学であると同時に、実践的な行動の理論、行動そのものでなければならない。われわれ人間はこの世に生をうけ物心《ものごころ》ついたその日から、否応なく現実世界に立ち向かうことを余儀なくされる。そこには絶えざる挑戦の営みがあり、あるいは成功に喜び失敗に打ち沈み、歓喜し苦悩し、あるいは無為の空虚な日々が連続する。しかしここではつねに視線は水平方向に向けられる。それはどこまでも地上的なものへの望見であって、「天空」に向かうことはない。永遠無窮なるものとしての「天」は、はるか上空の高見から人間たちの営みを非情かつ無関心に見下ろすだけである。

老人の世界の特徴は、労働（生産・経済活動）や子育て（監護教育義務）からの解放である。同時にそれはどこまでも地上的な、水平次元の因果律（成功／失敗、幸運／不運）の桎梏《しっこく》からの脱出でもある。老いて「哲学する」とは、現前の世界や過去・未来という局地的・一方向的な水平的因果軸に繋縛された眼を上空に転じ、永遠なるもの／無窮なるものとして頭上に広がる「天」を仰ぎ見ることにある。

地上的な因果や制約にとらわれることのない自在無碍な存在者として、心を垂直方向はるか彼方の「天」に放つことを、孔子は「七十而従心、所欲不踰矩（七十にして心を従《はな》ち、欲するところ矩《のり》を踰《こ》えず）」と道破した（『論語』為政）。高大なさまを示す「従」は「放」や「縦」

に通じる。「縦」は垂直方向の「タテ」、そして「ホシイママ」(楊伯峻『論語訳注』一九五八年)であり、それは地上から天空に向かって放たれる朗らかな放念を意味する。「いかに生きるべきか」と絶えず「哲学する」こと。こうすることで、老いた人間は飄然かつ優雅に、朗らかな放念のなか、つねに他者や天地と共に在ってゆるゆると、永遠なるものとして自己開展する存在者へと向上を遂げることができるだろう。これこそが「老年哲学」が目指す理想の境地ではないか。

老いて「哲学する」ことを通し、水平次元の因果律に固着された現実社会の「小さな世界」「小さな物語」を超え、より開かれた「大きな世界」「大きな物語」を子や孫、将来世代の若者らに啓示しえたとき、それがごくささやかな取るに足らないものであったにせよ、その人の人生は一つの完結を見るにちがいない。

【付論】 生と死、天地往還としての芭蕉の「旅」

そしてわしは、わが家からではなく旅の宿から立ち去るようにこの世を去る。自然はわれわれに、住みつくためではなく仮の宿りのために旅籠《はたご》を下さったのだから。

キケロー『老年について』（中務哲郎訳、岩波文庫、二〇〇四年）

芭蕉と「旅」

「旅人とわが名よばれん初しぐれ」。松尾芭蕉（一九四四―九四）には、死の四日前の有名な句「旅に病みて夢は枯野をかけめぐる」というのもある。芭蕉は死ぬその日まで「旅の詩人」であった。芭蕉という人は日常に安住できず、「旅」という非定住・非日常の生き方を選んだ。江戸中期の国文学者・歌人の上田秋成（一七三四―一八〇九）にとって、天下泰平の世に生まれながら年がら年中「狂ひ歩く」芭蕉は不自然な生き方をする四民の外の遊民、いわば社会的病者にほかならなかった。だから秋成は言う、「ゆめゆめ学ぶまじき人」である、と（紀行文『去年《こぞ》の枝折《しおり》』一七八〇年）。

植物における垂直軸・垂直身体性に人間生命の理想を想った解剖学者・三木成夫が進学した東京大学医学部（解剖学教室）の数年前の先輩で、同じく小川鼎三教授に解剖学を学んだ細川宏（一九二二—六七）が死の前年、ガンの病苦のなかで書いた詩「垂直的振動」に言う。

健康者の心は水平方向に振動し
病者のそれは垂直振動するのかな
肉体的苦痛に比例した振幅の深さで

（『詩集病者・死——細川宏遺稿詩集』現代社、一九七七年）

健康者＝強者の心が水平方向に揺れ動くのに対し、病者＝弱者の心は垂直方向に一定の周期をもって揺れ動く。細川の詩について精神科医・平山正美はこう言っている。「健康なときは水平方向すなわち隣人や仲間、同僚、家族など外的な世界に目がいっている。ところが、病気になると、垂直方向つまり、こころの奥底に目がいき、精神内部を深く洞察することができるようになる」（『はじまりの死生学』春秋社、二〇〇五年）。

老衰と持病を抱え「ただ、老杜《杜甫》にまされる物は独り多病のみ」と語る芭蕉の「旅」は、まさしくこうした病者＝弱者の旅でもあった。それは内面への「垂直方向」への下降であると同時に、頭上にひろがる天空に向かう「垂直方向」の上昇、すなわち天と地への「垂直振動」となる。日本の文化に深い共感を示したレヴィ＝ストロースは日本文化の特徴を「反対のものを隣り合わせにすることさえ好む」と語り、こう述べている。

日本の文化は両極端のあいだを揺れ動く、驚くべき適応性をもっている（La Culture japonaise possède donc une étonnante aptitude à osciller entre des positions extrêmes）

（『月の裏側――日本文化への視角』川田順造訳、中央公論新社、二〇一四年）

こうした「両極端の往還 osciller entre des positions extrêmes」ということをレヴィ＝ストロースは、同時にそこには閉鎖性と開放性、「外への解放と内へのひきこもり」といった対立的な「二つの態度 deux atitudes」「二つのリズム double rythme」が矛盾なく並存すると述べている（『現代世界と人類学』川田順造ほか訳、サイマル出版会、一九八八年）。芭蕉の「旅」は、こうした両極構造の中に成立し、それは社会的・世俗的な〈成功〉と〈失敗〉の水平方向の運動ではなく、天と地、〈意味・充足〉と〈絶望〉の垂直軸の往還運動の形をとる。

大地の精霊を踏み抑える古代神事である鎮魂《ちんこん》は、発散（魂振《たまふ》り）と収斂（魂鎮《たましず》め）という相反するものを内在させている。日本の鎮魂は古代中国の符呪《ふじゅ》儀式の禹歩《うほ》（日本では反閇《へんばい》と呼称される）と密接・一体的な関係にある（折口信夫『日本藝能史六講』中央公論社、一九五五年）。とくに日本の、大地を踏み固めて悪霊《あくりょう》を鎮める「反閇《へんばい》」は、一方で、万物生成の呪力《じゅりょく》を活性化させる所作に発するとされるなど、両義性を帯びる。旅と深く関係する禹歩《うほ》（反閇）は、古代中国の儀礼書によると、旅に際し旅人はまず禹歩を三歩し、北斗に向かって呪文《じゅもん》を唱える、という。神仙思想の理論書『抱朴子《ほうぼくし》』（三一七年）に「山林中を往《い》くには、……禹歩《うほ》して行《ある》き、三《み》たび呪《じゅ》して曰《い》え」（内篇巻一七・登渉）とある。古代中国で士・大夫・官僚の旅行・外出に当たって行事化・儀礼化した禹歩は、信仰的・呪術的な要素が濃厚である。

北辰北斗《ほくしんほくと》（天文）信仰を奉ずる道教ではこれを呪術儀礼の一つとして「踏罡歩斗《とうこうほと》」と称する。『抱朴子』は「七星北斗《しちせいほくと》を作り、魁《かい》を以てその頭を覆《おお》い、罡《こう》を以て前を指す」（内篇巻一五・雑応）と歩罡《こう》之法による禹歩《うほ》に言及する（酒井忠夫『道家・道教史の研究』図書刊行会、二〇一一年）。禹歩（反閇）すなわち道教の「踏罡歩斗」とは、北斗七星の柄に当たる三つの星（罡《こう》）と器に当たる四つの星（斗《と》＝魁《かい》）を「踏」み「歩」むことである。

古代中国の道教を原形に近い形で継承し、日本の文化・習俗と深いつながりがある中国の少数民族・瑶《ヤオ》族は、この「踏罡歩斗」を「走七星羅歩《ヤンチェットフィンコントウ》（走七星罡歩）」と呼ぶ。それは、ヘルメス・トリスメギストス（ヘルメス思想）が「下なるものは上なるものの如く、上なるものは下なるものの如くし」（『エメラルド板』）という fractal《フラクタル》 性、天―地相即の真理を語ったように、天空に輝く北斗七星を、人間の身体で地上に再現する儀式である。大地に敷いた白布の上に、北斗七星を七枚の銅貨で四方正角に置き直して描き、その銅貨を定められた歩法で左足から順に一歩二歩と踏み進む。天上の北斗七星を地上で再現し、両足でこれを踏み歩くのだ。ここに人間の魂は、生きたまま、地上世界から垂直方向に螺旋形を描いて天上世界へ向かい、宇宙を飛翔する（十文字美信『澄み透った闇』春秋社、一九八七年）。大地を踏み歩む禹歩（反閇）は、宇宙の垂直世界を水平方向の大地へと次元転位すること、すなわち永遠にして神的なる天上の観念世界を、地上の明視可能な人間世界へと移し換えるのである。

禹歩《うほ》＝反閇《へんばい》は大地を踏む形において日本芸能の基本的動作につながる。能や舞・歌舞伎などの諸芸能に「歩く芸」として固定し、わが国芸能技法の特色である「足拍子」の源流となったとされる。日本古来の「歩行者文化」と「道の文化」の中で育まれた長旅用の独特な歩行法が、踏歌《とうか》や摺《す》り足・両足の爪先を反らせる日本剣術の独特な足捌《さば》きにも関係する反閇と融合し、歌舞伎の六方《ろっぽう》に通じる「ナンバ」と同様、日本伝統の省エネ・大地密着型「歩く芸・足拍子」へと進化して日本人の「旅」を支え、これを促す動力源になったと考えられる。

大地からの解放

伊勢湾に臨む三重県北勢地方のわが家の西方、現代日本の「車輪文化」の聖地・鈴鹿サーキットで毎年一〇月に開かれる四輪自動車レースの最高峰・F1《エフワン》レースでは丘陵地のコースをフェラーリ、メルセデス、ＢＭＷなど現代科学の最高水準の結晶たるフォーミュラカーが時速三〇〇㎞で轟音とともに爆走する。一方で田に面した裏庭の先には昔、伊勢参りの参詣者たちが踏んでいった伊勢街道（参宮街道、東海道から伊勢神宮内宮へ）が南北に走る。遠く北側の山沿いを、大名たちも行き来した旧東海道が横断する。二つの街道は近世日本の「道の文化」、すなわち庶民の「旅」が示す「歩行者文化」を象徴する。

これらの街道を踏み歩いた近世三重の三偉人、松尾芭蕉（伊賀、一六四四―九四）、本居宣長（松坂、一七三〇―一八〇一）、松浦武四郎《まつうらたけしろう》（同、一八一八―八八）のうち、芭蕉と松浦は江戸期屈指の旅人として著名である。江戸末期の探検家で北海道の名付け親の松浦は熊沢蕃山の崇拝者で蕃山著『孝経外伝或問』（巻四）を「連城の璧《たま》（すばらしい宝石）」にたとえ『断壁残圭』と題して出版した。松浦の家の近くには、一日に五〇里（二〇〇km）を歩く驚異の速歩法「神足歩行術」を藤堂藩士たちに教授した松坂豪商、竹川竹斎《たけがわちくさい》（一八〇九―八二）がいた。

近世庶民の旅で、「伊勢参り」の旅と「旅の詩人」芭蕉の旅、両者の「旅」の世界は大きく違っている。前者の旅が大地に平行し生の充足と愉楽を求めた集団旅行であったのに対し、後者は俳句の道を極めるべく天地上下を往還し孤寂の魂を抱えつつ歩む脱俗の旅である。

島国という孤絶性、稲作農業に伴う定住性、狭隘で排他的な村落共同体、「家」という閉鎖空間。これらに加え「鎖国令」の実施。織田・豊臣・徳川三代による天下統一以降、戦争も内乱もない平和な社会に生きた近世日本人の生活は、必要以上に「大地」や「場所」に固定されていた。ドイツの生物学者ヤーコプ・フォン・ユクスキュルの「環世界 Umwelt」やハイデガーの「世界内存在 In-der-Welt-Sein」という生物学／哲学概念に照らしても、近世の日本人は「大地」や「場所」に固着・拘束され「植物」の生に似る。植物は移動の不可能性において限定と制約のなかに一生を終える。ヘーゲルはその悪名高い戦争賛美・戦争肯定論なかで、平和にあっては、「有限的規定性の固定化」すなわち自己安住の静態のうちに人間の精神は骨化し死に至ると言った。「平和においては、市民生活はいっそう拡大するが、すべての領域は自己に安住し、長期にわたると、人間はよどんでくる。それらの特殊性はいっそう固定化し、骨化する。（身体の）部分がそれ自身において硬化すれば、死がおとずれる」（『法の哲学　下巻』上妻精ほか訳、岩波書店、二〇〇一年）。

植物的な生態は人間の身心を骨化させ腐敗させる。これを防ぐには戦争がもっとも適しているとヘーゲルはいうのだ。「徳川の平和《パクス・トクガワーナ》」のもと、豊かになった庶民生活を背景に、大変な人気となった伊勢参りの旅は、大地と場所への「固定化」からの解放、すなわち国民的行事としての植物的な身体性から動物的な身体性への転換、変容である。人間の動物的身体性へのあこがれを、詩人の茨木のり子はこう書く。

木は
いつも
憶《おも》っている
旅立つ日のことを

ひとつところに根をおろし
身動きならず立ちながら
（中略）
幹に手をあてれば
痛いほどわかる
木がいかに旅好きか
漂泊へのおもいに
いかに身を捩《よじ》っているのかが

（『茨木のり子詩集』岩波文庫、二〇一四年）

「旅」は、植物としての日本人を「場所の無」「場所の否定」としての動物——「内発的な偶然によって自発的に、自分の場所を決める」（ヘーゲル『自然哲学』）——に転換、変容させる。同時にそれは、そこに住む人々を戦争に駆り立てることもなく国内外の平和と精神の健康に大きく貢献した。近世日本人の旅は、動物的な身体性のはたらきを示す以上に、直立身体で天を仰ぎ大地を踏みしめるところにおいて、「場所」に固着された日本人の、植物的な身体性というものを暗に示すものとなる。

旅による覚醒

江戸中期、鎖国の日本にオランダ船の船医として一六九〇年に来日し長崎に赴任したドイツの外科医・博物学者E・ケンペル（一六五一―一七一六）は、九二年の離日まで東海道を二度往復して驚いた。

この国の街道には毎日信じられないほどの人間がおり、……他の諸民族と違って、彼らが非常によく旅行する……。
（『江戸参府旅行日記』斎藤信訳、平凡社、一九七七年）

欧州、世界各地を遍歴し「バロック時代最大の旅行家」と称されたケンペルが見た当時の日本人は、伊勢参りの団体旅行に象徴されるように世界屈指の旅好き民族だった。緑なす木々や遙《はる》けき山海を包み込む豊かな大自然、そこに香り立つ神的で永遠なるもの――こういった大自然への親しみのなか、退屈な日常の生活からのしばしの脱出、見慣れぬ山河やその土地それぞれの歓楽、そこに非日常の楽しさを味わうというきわめて人間くさい願望。一方で、伊勢参りや金比羅参り、四国遍路などの社寺巡礼の旅、一遍・西行・宗祇《そうぎ》・芭蕉・良寛らに見る遊行《ゆぎょう》・行脚《あんぎゃ》の伝統は、日本人の「旅」が信仰や宗教性とも深い関わりがあることを語る。遠国に旅し帰宅する旅人を村境に出迎えて酒宴をはる民俗行事「坂迎え《さかむかえ》（境迎え・酒迎え）」は、非日常態から日常態への復帰再生の儀式だった。他界を旅して神格を得て帰った旅人をもとの人間に戻すのである。

伊勢神宮は天皇家の私的な氏神として庶民の参宮は禁止されていた。織豊時代の天下統一によって関所が撤廃されると、旅行の安全が確保されたことで、庶民による伊勢参りが一気に活発化する。永禄六年（一五六三）に伊勢神宮・外宮、天正一三年（一五八五）には内宮でも式年遷宮が復活して全国各地で伊勢参りが急増した。江戸時代の後期、文政一三年（一八三〇）には半年間で五〇〇万人に近い参詣者（当時の推定全国人口は約三〇〇〇万人）があった。伊勢街道筋の三重・松坂に住んでいた本居宣長は、ある記録によればと断りながら、宝永二年（一七〇五）四月からの五〇日間に三六二万人の神宮参詣者が伊勢街道を通ったと記している（『玉勝間』）。

江戸時代、庶民の旅には制約が多く、社寺参詣を目的とする信仰の旅以外はなかなか認められなかった。このような旅の、その筆頭にあって庶民に愛された伊勢参りは「大声で桃の里行く伊勢参《まいり》」（松瀬青々）の句が示すように、信仰と物見遊山を兼ねた楽しい異空間、非日常の別世界の遊覧である。それは今日の「旅行」と変わらない。他方、聖─俗交代の社会システム、あるいは「憂き世」から「浮き世」への変換装置としての伊勢参りは、ひとときの「場所」性の無化を結果した。日本における「場所」は、閉鎖性・排他性、埋没や拘束、同調や一体化の点で、封建的共同体である「家」や村落共同体としての「ムラ」と同義である。

人間や事物の存在が、限りなく「場所」に依存するという西田哲学のきわめて日本的な「場所の論理」に見るように、近世日本の旅は、述語的・受動的・植物的で「場所」に固着された日本人を、一時的にせよ、主語的・能動的・動物的な反「場所」的存在に身心を変容させる行為でもあった。

遠くへ旅することによる近さの確認、遠ざかることによっておのれの住まう「場所」が主体形成の唯一の足場であるという発見。一方で、旅は「場所」に固着された心、「場所」に沈み込む植物身体を、移動＝「場所」の無化によって変容させ、動物身体を獲得する試みとして存在する。未踏の地や異郷への憧憬《しょうけい》、心をよどませ硬化させる退屈な日常空間からの離脱・解放、あるいは体制やムラ共同体からの脱落者・非順応者らの逃げ場としての旅である。

西洋の「馬車＝車輪文化」や「広場の文化」に対し「歩行者文化」と「道の文化」の長い伝統を背景に異郷の風光に全身を曝し、天を仰ぎ、大地をひたすら歩む日本古来の「旅」は、ハイデガーの言う「世界四元 Geviert」――大地・天空・神的なもの・死すべきもの――大宇宙を成り立たしめている根源的なものを身体に呼び起こさずにはおかない。

孤心のゆくえ

日本人の「旅」は、日本固有の地形・歴史・風土と切り離すことができない。フランスの地理学者オギュスタン・ベルクにとり、西洋の「広場の文化」や「車輪文化」に対し、日本の空間的・風土的個性は「道の文化」や「歩行者文化」にあった。日本人の生活圏が「通り＝街道」へ「従属」している一方で「家の空間が大きく通りにはみ出し、自分のものにしている」ところに、それは顕著にみることができる（『空間の日本文化』宮原信訳、筑摩書房、一九八五年）。

通りを生活空間の延長・拡大とする認識により、道路は人間的なものに変貌する。明治一一年（一八七八）、英国女性イザベラ・バードは人力車を雇い、日光〜北海道一万二〇〇〇マイル（一九〇〇km）を一人で旅し「世界中で日本ほど、婦人が危険にも不作法な目にもあわず、まったく安全に旅行できる国はない」という驚きを記している（『日本奥地紀行』平凡社、一九七三年）。街道の安全性を担保する「歩行者文化」と「道の文化」との関連で、ベルクが見る日本人の旅は、「流れ、動き、生成、進行、過程を重んじさせ、目的地よりはその経路を、重視」する。「目的地」の到達よりも途中のプロセス＝「経路」重視という傾向が、日本固有の風土・心情に形成された民族的なhabitus《ハビトゥス》としての「旅」を特徴づけている。

江戸後期、海の遙か彼方、ボードレールが語る「旅」認識はこれとは対蹠的だ。彼に「旅への誘《いざな》い」と題する同名の有名な詩および散文詩がある。詩（一八五五年）の方は「愛する妹《ひと》よ、／いとしい子よ、／行こう、二人して暮らすために！／……そこにすべては整い美と／栄華と悦楽と静けさと」と恋人と旅する甘美な夢が詠われている（『悪の華』福永武彦訳、ボードレール全集Ⅰ、人文書院、一九六三年）。散文詩（一八五七年）も「類稀《たぐいまれ》な国、黄金境と人の呼ぶ国がある、僕が古くからの女友達と訪れたいと夢みている国だ。そこにすべては美しく、……行きて呼吸し、夢み、かつ無尽の感覚を駆使して時間を更に永《なが》からしめるべき国だ」（『パリの憂愁』同）。ここでは目的地を示す「そこに」という言葉が一ダース半も連発される。

同時代のホイットマンの「大道の歌」（一八五六年）という旅の詩は、「心も軽く徒歩でぼくは大道に出る、／……ぼくを縛ろうとする制約を、穏やかに、しかし断固たる意志の力で脱ぎ棄ててみせる。／……出かけよう、道はぼくらの前にある」と前進する活力を高らかに詠う（『草の葉（上）』酒本雅之訳、岩波書店、一九九八年）。世界一周の旅の楽しさを夢想した詩「こんにちは世界君」では「ぼくの精霊は共感ゆたかに決意も固く地球をくるりとまわり終えた、……／波よぼくたちは君らとともにあらゆる岸辺を指でまさぐり、……／それから大音声で叫んだものだ、／『こんにちは世界くん』」。この詩にもまだ見ぬ新天地の踏破、米国人らしい明日への希望が滾《たぎ》っている。

ボードレールの場合は、「黄金境」という場所、「目的地」への移住を「旅」と呼ぶ。一方のホイットマンは、横溢する冒険心と楽天性、自我拡大の媒介者としての旅である。一九世紀西洋を代表する彼ら二人の詩人に見る「旅」は、キリスト教的な聖地巡礼の旅とは別の、西洋一般の「旅」認識であると見てよい。世界一周の旅を夢想してホイットマンは「ぼくたちは君らとともにあらゆる岸辺を指でまさぐり」と自己を世界規模まで拡大する。ここに見る拡大的自我と世界踏破とのパラレル的把握に対し、フランス領アフリカ・地中海に面したアルジェ生まれのアルベール・カミュは言う。「世界の起伏を指ですっかり辿ってみたところで、それだけいっそう世界が解るようにはならぬだろう」。ホイットマン的な楽天気分の旅認識を一蹴する。カミュにとって「旅」は、「目的地」への移動や移住、自我拡大や世界踏破の手段、このいずれでもない。言葉が通じない異郷を旅するときなど、ふと漠たる恐怖にとらわれることがある。昔ながらの習慣に避難所を求めたくなるような欲求が湧きおこる。そんなとき、われわれは熱にうかされたようになり、絶望的な思いのなかで立ちすくむ。

旅に値打ちをつけるのは恐怖だ。……それゆえに、楽しみを求めて旅をするなどと言ってはいけない。旅をすることに楽しみなどはない。むしろぼくには苦行のような気がする。もし教養という言葉を、われわれにもっとも内密な感覚、つまり永遠の感覚の錬磨と解するならば、旅をするのはそうした自分の教養のためである。

（『太陽の讃歌——カミュの手帖・1』高畠正明訳、新潮文庫、一九七四年）

旅の価値は「恐怖」にある。旅は、われわれ人間にこう告げる。お前はこの広大な宇宙の中で、ひどく頼りなくて弱い、寄る辺とてないみじめな孤児に過ぎない、と。

こうした自己認識と世界理解において、旅は、死すべきものと定められている人間に、時空を超越した神的な宇宙に連なる「永遠の感覚」の覚醒へと導こうとする。旅の価値を、人間の宇宙における絶望的な寄る辺のなさという「恐怖」に求めたカミュに対し、鈴木大拙は言う。人間は「いわゆる世智辛い事実に当面して、それによって心が骨化されるようにされている。柔《やわら》かみが少しも残されないところから、詩は離れ去る。広漠たる砂地には青々とした植物はできない」。芭蕉の「旅」に見るように、人間存在における「永遠的孤絶 eternal aloneness」の直覚・体験にこそ旅の価値がある。

旅行が容易で快適に過ぎれば、その精神的意味は失われる。これはセンチメンタリズムといわれるかも知れぬが、旅によって生ずるあの孤絶感は人生の意味を反省させる。人生は畢竟、一つの未知から他の未知への旅であるからだ。われわれに割当てられた六十年、七十年、八十年という期間は、できれば神秘のとばりを開くためのものである。この期間は短いが、これをあまりに滑らかに走っていくことは「永遠的孤絶《エターナル・アローンネス》」の意味をわれわれから奪うことになる。

（『禅と日本文化』北川桃雄訳、岩波新書、一九四〇年）

旅は、カミュにとっては「恐怖」、大拙は「永遠的孤絶」の錬磨だとした。人間存在における寄る辺なき寂寥《せきりょう》、実存の言いしれぬ孤独・孤絶感。これが旅に必然し、不可避なものであるとすれば、宇宙の孤児たる人間の救いも、ここに生じる。

「心の貧しい人たちは、幸いである。天国は彼らのものである」（マタイ福音書）。「心の貧しい」とはふつう、謙虚な人を指す。が、東北・気仙《けせん》地方の訛語《かご》を使った山浦玄嗣『ケセン語訳マタイによる福音書』（イー・ピックス、二〇〇二年）の訳は面白い。「頼りなく、望みなく、心細い人ア幸せだ。神様の懐《ふところ》に抱《だ》がさんのアその人達だ」。一般的な訳では「心の貧しい」とされるギリシャ語の「ホイ・プトーホイ・トーイ・プネウマティ」とは、プネウマ（息＝生命力）においてプトーホイ（小さくなって縮こまる人々）、すなわち「鼻息の弱い人」を意味する。それは「自信がなく、お金もなく、権力もなく、腕力もなく、望みもなく、心細い人」を指すのだという。

理想郷を求めるボードレールの旅は、「住めばまた憂き世なりけりよそながら思ひしままの山里もがな」（吉田兼好）の嘆きに似て、永遠の、果てなき旅の連続とならざるをえない。自我拡大的なホイットマンの旅も同様だろう。現世的なものからの離脱、あるいは地上的なものの征服をめざす旅は、実存の孤独・虚無の深淵を前に佇立《ちょりつ》する人間を救うものとは必ずしもならない。

旅に生ずる「恐怖」。それは人間に「心の貧しい人」すなわち「頼りなく、望みなく、心細い人」という自己認識を強いる。天の無情と大地の暗さを知った人間が、この絶望のなかで「永遠的孤絶《エターナル・アローンネス》」の真実に逢着するところに使徒マタイが語った救いの道が開かれよう。

垂直身体性と「死」

芭蕉は貞享四年（一六八七）一一月、「神無月の初《はじめ》、空《そら》定めなきけしき、身は風葉《ふうよう》の行末《ゆくすえ》なき心地して、旅人と我名よばれん初しぐれ　又山茶花《さざんか》を宿々にして」と江戸を発ち、『笈の小文』の旅に出た。凪に散り迷う木の葉のように、芭蕉は山茶花の咲いている宿を泊まり歩いた。「日々旅にして旅を栖《すみか》」（『奥の細道』）に生きようとした漂泊の旅人、「無能無才」を任じ地上的な価値に背を向けて俳諧の道に生きようとした芭蕉は、越後路を旅していた元禄二年（一六八九）出雲崎から、青海原のかなたに沈む佐渡島のまぼろしを見た。

あら海や佐渡に横《よこ》たふあまの川

すでに暮れ終えた北陸の空。きらめく銀河は中空に懸かって冴えわたり、波の音だけが静かに響く。芭蕉は「たましゐけづ《魂削》る《る》がごとく、腸《はらわた》ちぎれて、そゞろにかなし」（「銀河ノ序」）と記した。海上一八里の彼方、そこにあるのは貴賤遠流《おんる》と金銀採掘の離島、人間の喜怒哀楽が重畳し深く染みこんだ佐渡の、闇のなかに沈殿する大地がある。顔を上げれば広々と澄みきった秋の夜空に懸かる蒼古悠大な銀河・天の川。身体の奥、魂の深処から、粛として漠たる思いがこみ上がる。

人間は、ハイデガーの言う「世界四元 das Welt-Geviert」すなわち「天と地、死すべきものと神的なもの」(『言葉への途上』亀山健吉訳、創文社、一九九六年)という四者連関、相反する両極が重合交叉し反転する世界のなかに夢を紡《つむ》ぐ、愚かしくも儚《はかな》い存在にすぎない。古代の人々には自明の、この単純な真実に身体を介して触れること、悠久な大宇宙の「生のリズム」をわが身にしかと感じること、これが旅に芭蕉が求めた最大のものだろう。

天と地、生と死、対立する両極の往還のなかを旅した芭蕉には「相反する動と静との同一を、行動的、弁証法的な相即性を、現実に示そうとする所に芭蕉の本意があった」(唐木順三)。芭蕉が俳句の基本原理の一つを「取り合わせ」(『去来抄』)と表現したように、俳句にはもともと弁証法の論理が内在する。高悟帰俗「高く心を悟りて俗に帰るべし」(服部土芳『赤冊子』)という名高い言葉にあるように、芭蕉の旅に見るのは生と死・天と地という対立する両極の往還、これを支える垂直の身体性である。

芭蕉と同じく荘子に学び、中国・宋学の先駆者の一人で朱子にも大きな影響を与えた学者で詩人の邵雍《しょうよう》(一〇一一―七七)は宇宙・造化を友とし、陶淵明の隠逸を愛した。邵雍は哲学詩集『伊川撃壌集』でも江戸期の学者・文人の間では知られた存在であったが、芭蕉はこの詩集に目を通したことはなかっただろうか。旅人(客)を詠んだ詩がある。

客あり　知なく　性たる　太《はなは》だ質

杖《そこな》はず　求《むさぼ》らず　固《こ》なく　必《ひっ》なし
足　天根《てんこん》を蹋《ふ》み　手　月窟《げっくつ》を探る
得る所の懐《おもい》　尽《ことごと》く筆に賦す　（『伊川撃壌集』上野日出刀訳注、明徳出版社、一九七九年）

もの知りではないがたいそう質実善良なこの旅人（客）は、足で天の根っこにある大地（天根）を踏み、手は月が出入りする天空の岩の洞穴（月窟）を探る。天と大地を行き来し、そこで得た感慨はすべて詩にした。ここでは天と地を行き来することのできるのが詩人であり、詩人としての資格がある。旅に生きた芭蕉はまさにこれに該当しよう。

次の詩では、道理に明るいすぐれた男子に生まれたことを楽み、貧賤不遇を嘆くことはないという。天に遊び、大地を踏みしめること、ここで天地間のもろもろと人間をはじめて理解できるようになる。天と地をただ黙々と往還――「月窟吟」という詩では「月窟と天根と、中間（両極のあいだ）来往《らいおう》すること頻《しき》りなり」という――せよ。そこに全宇宙の真実が開かれてくる。

耳目聰明　男子の身
洪鈞《こうきん》賦与《ふよ》して貧となさず
月窟を探るに因《よ》りて方《まさ》に物を知る

未だ天根《てんこん》を躡《ふ》まざれば豈《あに》人を知らんや
（中略）
天根月窟　閑《しず》かに来往《らいおう》すれば
三十六宮　都《すべ》てこれ春　（同）

月窟の語は、前漢の学者・揚雄《ようゆう》の「長楊賦」の「西は月䖮《げつくつ》（月の沈む穴）を壓《おさ》へ、東は日域《じついき》（太陽の出る涯）を震《ふる》はす」が典拠である。揚雄が空間を「東西の水平軸」で把握したのに対し、邵雍は「天地の垂直軸」でとらえている。天根の語は荘子や老子など古くから使われてきたが、月窟と天根を対にして使用している例は邵雍以外には見当たらないという（三浦國雄「伊川撃壌集の世界」東方学報、一九七四年）。

天と地、この両極の往還（来往）を、真の旅人あるいは知徳にすぐれた男性（耳目聡明男子身）の条件とした邵雍は、主著『皇極経世書』第一七節「動者体横」にこう記す。

動く者の体は、横《よこ》。植わる者の体は、縦《たて》。人は宜《よろ》しく横なるべくして反《かえ》って縦なり。

鳥獣など動物のからだは皆、生まれつき「横」向きである。身体が大地に平行（緯）なので、活動的（動）である。草木など植物のからだは皆、生まれつき「縦」向きである。身体を大地に垂直（経）に立てるので、不動（静）である。動物である人間のからだは本来、横であるはずなのに、植物のように縦である。人間は万物のなかでもっとも尊い。動（ヨコ）にして不動（タテ）を兼ねるからである。

邵雍の言葉を、朱子も引き継ぐ。「人の頭の円《まどか》なるは天に象《かた》どり、足の方《ほう》（四角）なるは地に象どる。平正にして端直《たんちょく》（真っ直ぐ）なり。禽獣は横生《おうせい》し、草木の頭は生じて下に向かい、尾は反って上に在り」（『朱子語類』性理）。林羅山や広瀬淡窓、安藤昌益らもこれを引用し言及しているが、人間と植物は垂直的な身体においても同類であった。

フランスの哲学者エマニュエル・レヴィナスは、人間のこうした直立した垂直身体性を悪しきものと考えた。これこそが人間固有の硬直した自我、エゴイズムの原因だからである。「人間のエゴイズムが、純粋な自然からははなれてしまっているのである。それは、地面から上方へと垂直に向けられた人間の身体が、高みに向かう方向へと組み込まれていることによる。高みに向かう方向とは、経験に与えられる錯覚ではなく存在論的な生起であり、消し去ることのできない証言である。『私はできる』は、この高みから発するものなのである」（『全体性と無限（上）』熊野純彦訳、岩波文庫、二〇〇五年）。デカルトの言う自我の絶対性「私は考える」の帰着である「私はできる」という個人主義的な能動主体は、人間の直立した垂直身体性に由来するとした。レヴィナスは人間の垂直身体性に「強い個」の出現を見るのだが、そうではなく、芭蕉の「旅」に見るごとく、身体の垂直性は人間に内在する「弱きもの」としての自己を覚醒させるものとなる。

日本人の「旅」は、古神道の鎮魂（魂振《たまふ》り・魂鎮《たましず》め）と、「歩く芸」である禹歩《うほ》（反閇《へんばい》）の同時内在において、天と地の、相反する二つの極に向かう二つの所作をもつ。鎮魂において踏むのは大地であり、禹歩（反閇）が翔《かけ》るのは天空である。天に向かう植物軸と大地に帰属する動物軸、これを併せ持つ双極的な人間身体による天地の往還。ここに芭蕉あるいは古来日本人の「旅」は、宇宙＝大自然を人間に凝縮させる「天地《コスモス》の身体化」であると同時に、その垂直身体性において、人間という小宇宙《ミクロコスモス》を大宇宙《マクロコスモス》に限りなく開放する聖なる実践と化す。

芭蕉のように笠ひとつで天地に全身を曝し、大宇宙《マクロコスモス》を身体化する日本古来の「旅」。一方で〈近代〉の移動機械に守られ必ずしも天地とは関わらない「旅行」。ここにあってもまた、程度の差、体験の強弱こそあれ、見なれぬ風景の只中で、カミュや大拙が語る「恐怖」や「永遠的孤絶」といった実存の虚無、底知れぬ寂寥感に襲われることがある。永遠なる時空と非情の半身をもつ大宇宙が、人間を死すべきものとして、その身体を微かな痛みを伴い音もなく通り抜けていく。ふだん生に隠されていた「死」が突然、顔を出すのだ。

「旅」であれ「旅行」であれ、これらが真に価値をもつのは、カミュが「恐怖」と言い大拙が「孤絶感」と語ったように、神性にして無垢な「死」が身体を、生命を刺し貫くこの一瞬に触れ得るところにあるのだろう。これに触れ得た人間は、「死」をさほど怖いとは感じなくなる。「死」を体験したからである。

おわりに

《老年哲学》を語るうえで欠かすことができないのは、将来世代の若者との関係である。老年哲学が「老人の、老人による、老人のための哲学」であってはならない。このことは今後の課題とされるだろう。

このヒントとなるのが儒教の根本原理「孝」の思想ではないか。「孝」という字は、周知のとおり、「老（おいかんむり）」と「子（頭部が大きく手足のなおやかな乳児の形をかたどる）」の合字である。それは親子というより、むしろ老人と幼子、いわば祖父母と孫という関係性に近い。「孝」という字には、死に向かう「老人」と生に向かう「孫」、永遠なる天を志向する「老人」と生に向かい地上を欲する「孫」という互いに相反する二極が一体化し、そこでは相関・相補という関係性が必然的なものとして存在する。古典ラテン文学で語られた「puer《プウェル》senex《・セネックス》（老人的少年＝翁童）」という言葉も「孝」に近づく。それはpuer（少年）とsenex（老人）の結合、「対極物の調和」を意味するのだという。

老人は孫によって新たないのちを吹き込まれ、孫は祖父母によって励ましと人生の智慧を授けられる。老人と孫の関係は天地造化の生々活発、宇宙必然のリズム、いのちの循環を最もよく象徴する。老人と若者の関係も「孝」の哲学の範疇に含まれる。

現在わたしは、長女から命じられて半強制的にほぼ毎日、二歳に満たぬ孫（男児）を連れて一、二時間のあいだ近くの大きな公園に行き散歩することを日課とする。わたしの後を覚束ないヨチヨチした足取りでついてくる孫を見ていて、二〇代の頃に読んでわからなかったニーチェの言葉がふと心に浮かんだ。ニーチェは下品ならざる上等な人間の条件を二つ言った。耳ではなく「目で聞け」（『ツァラトゥストラ』序説）、そして「刺激に直ちに反応しないでいられる能力」「刺戟に対し緩慢に反応する能力」（『偶像の黄昏』・『この人を見よ』）と。大きな目をつねに見開いてわたしの言葉を聞き、刺激への反応がゆるやかな孫はこの二つを満たしている。孫のしぐさを見てわが身を顧み、下品ならざる方向へ矯正する日々が続いている。

ところで先日、評判のベストセラー、佐藤愛子『九十歳。何がめでたい』（小学館、二〇一六年）を読んだ。出版したとき九三歳の女流作家が書いたエッセーはいつものように痛快で面白かったが、一つだけ、強く印象にのこる興味深いエピソードが書いてある。

佐藤が地下鉄のプラットホームに立っていた時のことだという。向かい側のプラットホームの端《はし》っこに、粗末な身なりをし、見るからにホームレス然とした老人が立っていた。目の前に雑誌を広げた格好のまま、ヒゲもじゃの貌《かお》を仰向けて、歯のない口を大きく開けて笑っていた。どうやらそれはマンガ雑誌らしかった。老人はマンガを見て大笑いしていた。「実に無邪気な、憂さを忘れた無垢な笑顔」だった。「よかったねえ。そんなに笑えて」と佐藤は言いたくなった。そこに電車が来て乗った。老人の姿はあっというまに消えてしまったが「私の心はあたたかなものに満たされていた。今でも、あの笑顔は脳裏に焼き付いている」。

後日、佐藤はこの話を友人に話した。すると「そんなノンキ者だからホームレスになる。成功する人はマンガを見て笑ったりしない」と反論されてしまった。過酷な現実を生きるには、自分の内なる心の何かを押し殺して生きていかねばならない。それで社会的には「成功者」となることができるのかもしれない。しかし成功だけを目指してわき目もせず一直線に歩むことだけでいいのか。それはあるいは人間にとって大切な何かを見失い、見つけることができずに貧寒とした人生を生きることになるのではないのか。こうした思いからか、佐藤は言う。社会から落ちこぼれたあの老人ホームレスこそ「幸せを心にもっている人」だろう、と。

荘子に「雕琢復朴《ちょうたくふくぼく》」（応帝王篇・山木篇）という有名な言葉がある。社会的な虚飾・虚偽、世俗のもろもろ一切を削ぎ落とし自然のままの、本来のあるべき姿に復帰することをいう。宇宙の秩序と必然性を丸ごと全肯定し新たな価値を創造するとニーチェが語った「幼子」があるいはそれに該当しよう。現代日本の老人が為すべきことは「哲学する」ことにある。同時に、「復朴」すなわち老ホームレスが見せた無邪気で、あたかも幼子のような「笑い」をふたたびわが身に取り戻すことにあるのではないか。他を顧着することなく自己運動する存在が「幼子」であるとするなら、「老人」に求められるのは飄然かつ優雅に、朗らかな放念のなか、つねに他者や天地と共に在ってゆるゆると、永遠なるものとして自己開展する存在者へと向上を遂げることにあるのだろう。

現代社会が抱える高齢者問題は、個人の問題ではなく、文明のあり方や社会全体のあり方を見直すという大きな枠組みの中で考えられるべき問題である。かつての社会主義・資本主義あるいは近代・前近代といったものとは別の、将来世代の若者に魅力のある新たな「大きな物語」をほかならぬ老人たちの手で創り、示す必要がある。これこそ、「老年哲学」の究極目標とされるものである。

「老熟年世代・中壮年世代・青少年世代——三世代相和・相生・共福社会を目指して」をテーマに二〇一九年三月七〜九日に開かれた第四回「老年哲学」国際会議で、わたしは「『弱い個』と『孝』の哲学——自己開展する存在者への道」と題する論文を発表した。西洋近代の特徴であり現代文明を支える「強さ」の哲学に対し、老人と子どもに象徴される「弱さ」の価値・「弱さ」の哲学の必要性を語った。すると会議最終日の総括で、主宰者の金泰昌《キムテチャン》・東洋日報「東洋フォーラム」主幹から「現代世界が限りなく〝強さ＝硬さ〟の文明であり、〝弱さ〟の提唱は意義深いものがあるが、この言葉はどこかネガティブな印象がある。これを〝柔らかさ〟に変えてはどうか」という提案があった。「柔らかさ」の哲学、「柔らかさ」の文明——これは老子の世界観に通じる。一考の価値があるだろう。次回会議への宿題と受け取った。

本文中に取り上げたように、中国・遼寧省出身（前北京大学副教授）の劉建輝・国際日本文化研究センター副所長は「西洋近代の〈毒〉と〈闇〉」を語り、これに対し「西洋近代受容共同体」である日中韓三国がこれに対抗して取り組むべき必要を強調した。二〇一六年一〇月初め、韓国・清州市で開催された日中韓三国の哲学者・学者・院生らによる第二回東洋フォーラム「東アジアの新たな未来を共に開く—東アジア活命連帯の提案—」（韓国・東洋日報主催）で、日中韓三国で新たな「東アジア文化共同体」を再構築すべきと提言をした劉氏に深く共感した。このとき、フォーラム参加者を中心に有志でこれを具体的に進めていこうという話となった。同席した小倉紀蔵・京都大学教授もこれに賛同し加わってくれた。小倉氏の持論は元来、「東アジア共異体」である。歴史認識や文化伝統など微妙に異なる日中韓三国が「共同」という統合をめざすのではなく、互いのちがいを大前提として〈共働〉していこうというのがその趣旨である。

なにかと多忙な両氏から、だいぶヒマそうに見えたわたしが「東アジア文化共同体」再構築の司会役なり推進役を一任されたのだが、何をどうしてよいやら分からないまま思案に暮れるばかりで、その後とくになんらの行動もしていない。情けないが、実力不相応のことを安請け合いした結果だと反省している。

ただ、日中韓三国が「西洋近代受容共同体」として、共に経済成長の陰にある格差問題や人口減少問題、少子化・高齢化という諸問題を世界に先駆けて体験している現実を前に、高齢者の生き方と死に方を考察する「老年哲学」に参加できたことは幸運であった。高齢者問題をキーワードとして、日中韓三国で新たな「東アジア文化共同体」を構築できるのではないか。これを端緒として具体的な何らかの行動に出ていくことができるのではないかという気がした。

何もしていないという負い目もあり、その後両氏にお願いして、わたしが副会長を務める「日本東アジア実学研究会」〈会長、片岡龍・東北大学教授〉に加わってもらった。ここを拠点になにかできるのではないかと思ったからだった。同研究会は一九九〇年から中国・韓国の実学学会と定期的に学術大会を開催し意見交換を行っている。ここで高齢者問題を取り上げることがわたしに与えられた任務を少しでも果たすことができるのではないかと考えている。

本書は「老年会議」第一～四回で発表した論考に加え、次の二論文に加筆・修正を加え収録した。

・フクシマと「倫理」の再興――熊沢蕃山とハイデガーにおける老荘的な脱 Ge-stell への道」（小島康敬編『東アジア世界の「知」と学問』勉誠出版、二〇一四年）

・日本人の「旅」における身体論的考察（『人体科学』Vol.23（1）二〇一四年、人体科学会）

思えば、本書は二〇一八年一一月の第三回「老年会議」で同席した韓国・圓光大学円仏教思想研究院の趙晟桓《チョソンファン》さん、東アジア実学研究会の前会長（現顧問）の小川晴久・東大名誉教授の勧めがなければけっして書くことはなく、出版されることもなかった。お二人に深く感謝したい。「老年哲学」の命名者であり「公共哲学京都フォーラム」以来の付き合いでつねに教えられ啓発されること多大な金泰昌・「老年哲学」主宰者にはまだこれからも学ぶべき多くのことがあると思っている。花伝社の平田勝社長には無理をお聞きいただいたことを改めてお礼申し上げたい。編集担当になったときの挨拶メールで拙稿を読んだ感想を「問題の表出の仕方は違えど、若者と老年世代とは同じ突破口を求めているのだと強く実感し」たこと、近年数多く出版されている「老い方」の本に対し「本書は全く新しい視点を提供できるのではないか」と励ましてくれた二〇代半ばの若き編集者・大澤茉実さんにも篤く感謝申し上げる次第である。

最後に、これは蛇足と言うべきものであって個人的な話になるのだが、本書は一〇冊目の著書（単著）となる。二〇数年前、書き飛ばしの原稿書きに疲れ、新聞記者を辞める決心をした。この時、親しい知人に「辞めて何をする気なのか」と問われた。「本を書く。一〇冊はいけるだろう」。こう答えたら、知人の貌《かお》にかすかに冷笑が浮かんだのを思い出す。本を書こうと思い立ったのはこの一年前、隣県の県庁記者クラブにいた時だった。クラブに頻繁に出入りしていた松下政経塾出身で自民党から衆院議員を目指すアメリカ帰りの、ひと回り若い女性と時々話をする機会があった。彼女と何の話をしたかは失念したが、私の言葉に「それ本になるわよ」と軽く語ったひと言が、その後、本を書こうというきっかけになったといっていい。恩人である。

選挙の「三バン」（地盤・看板・カバン）のどれもまったくもっていない彼女は、選挙でたいそう苦戦・苦労したが、数年後、めでたく自民党衆院議員となった。二世・三世ばかりのだらしない男性議員たちを尻目に、女性で徒手空拳での当選は見事と言うしかない。エネルギーに満ちた野心家の彼女は安倍晋三内閣で重用され閣僚を何度か務め党三役にも抜擢されるなど有力かつ有名議員として今日に至っている。

一〇年ほど前、政治家（自民党）の知人が衆院選挙に出た折、わが家のすぐ近くの小学校体育館での個人演説会に応援弁士として県境を越え遠路はるばる彼女がやって来た。ほぼ三〇年ぶりに行った個人演説会だったが、若者はほとんどおらず六〇、七〇、八〇代の老人ばかりが目立つ会場だった。アメリカ帰りの知識人にありがちなバリバリの愛国者・タカ派の論客としてマスメディアにしばしば登場し、あまりにも未熟というか政権与党の傲慢さ・愚かさを感じさせる議員となっていたが、彼女なりの天下国家論が聴けると思っていた。

ところが彼女は、天下国家どころか政治の話をほとんどしなかった。世間話のあと、やおら両手を高々とあげ、声を張り上げて「皆さん、お疲れでしょう。ご一緒に手遊びしましょう」。ざっと三、四〇〇人はいた老人たちほぼ全員が言われるがまま、素直に両手を頭上に掲げ、彼女の号令と歌声にあわせて「手遊び」したのだった。あたかも保育園児か幼児園児がするように、くり返しくり返し、何度も何度も。壮観だった。これこそが日本の選挙、否、現代ニッポンの真姿・縮図だと思った。かつてかのマッカーサーは「日本人＝一二歳」説を語った。しかし日本人はさらに幼稚化し「保育園児・幼稚園児」レベルまで退行してしまった。唖然・呆然としたまま、秘書が待つ黒塗りの乗用車に颯爽と乗り込む彼女を見送ることしかできなかった。

老いた人間が口にし胃に落とし込むべき食べものは「柔らかいもの」がふさわしい。しかし頭脳の営みに「柔らかいもの」は必ずしも有効でない。新聞や週刊誌、テレビのワイドショーやバラエティあるいはインターネット、通俗的な啓発本、お手軽な新書本、「老人」本や「孤独」本や日本礼賛本、特定の国家・民族などに対する悪罵であふれた浅薄な時局本いわゆるヘイト本など、これらは読みやすさ・わかりやすさ・くだけた内容と口調・単純さ・安直さにおいて大抵は「柔らかいもの」に属する。老人たちばかりでなく、これらの読者・視聴者はこれからもずっと、政治家たちに「手遊び」を勧められることになるだろう。これを屈辱と思わないほどに頭脳も軟化していくであろう。世に蔓延《はびこ》るもろもろの子どもだましにいい歳をして手もなくひねられ踊らされ、次世代のしっかり者たちから笑われ、あきれられることだろう。

高齢期を迎えた人間にふさわしい標語、それは、口・胃には「柔らかいもの」を、頭脳には「硬いもの」を、である。本書は雑駁・散漫な内容で少し恥ずかしいのだが、現代を生きる日本の高齢者に対し「硬いもの」となることを願って書いた。ものごとを深く考えること、すなわち「哲学する」こと以外、「手遊び」の勧めや子どもだましの世迷言から逃れる術はない。「哲学する」ことを介し、改めて「いかに生きるべきか」を考えることができた彼ら彼女らが残りの人生を充実させ、よりよき未来をつくる力の一部となることを願って已まない。

大橋健二（おおはし・けんじ）
1952年、福島県福島市生まれ。早稲田大学政治経済学部政治学科卒。
新聞記者を経て名古屋商科大学、鈴鹿医療科学大学非常勤講師。日本東アジア実学研究会副会長。著書に『日本陽明学　奇蹟の系譜』（叢文社、1995年）『救国「武士道」案内』（小学館文庫、1998年）『良心と至誠の精神史――日本陽明学の近現代』（勉誠出版、1999年）『中江藤樹・異形の聖人――ある陽明学者の苦悩と回生』（現代書館、2000年）『反近代の精神　熊沢蕃山』（2002年）『神話の壊滅　大塩平八郎と天道思想』（2005年）『偉人は未来を語る――近代批判としての偉人論』（2006年）『気の文明と気の哲学――蒼龍窟河井継之助の世界』（2009年）『新生の気学――団藤重光と「主体性理論」の探求』（2012年、以上勉誠出版）第7回湯浅泰雄賞。分担執筆に小島康敬編『東アジア世界の「知」と学問――伝統の継承と未来への展望』アジア遊学176（2014年）小川晴久編『日中韓思想家ハンドブック』（2015年、以上勉誠出版）。

「老年哲学」のすすめ――生き直し・学び直しのための哲学入門

2019年6月10日　初版第1刷発行

著者 ――― 大橋健二
発行者 ―― 平田　勝
発行 ――― 花伝社
発売 ――― 共栄書房
〒101-0065　東京都千代田区西神田2-5-11出版輸送ビル2F
電話　03-3263-3813
FAX　03-3239-8272
E-mail　info@kadensha.net
URL　http://www.kadensha.net
振替 ――― 00140-6-59661
装幀 ――― 佐々木正見
印刷・製本 ― 中央精版印刷株式会社

ISBN978-4-7634-0888-4 C0036